VESTIDO
DE NOIVA

VESTIDO DE NOIVA

NELSON RODRIGUES

Copyright © 2022 by Espólio de Nelson Falcão Rodrigues

Direitos de edição da obra em língua portuguesa no Brasil adquiridos pela Editora Nova Fronteira Participações S.A. Todos os direitos reservados. Nenhuma parte desta obra pode ser apropriada e estocada em sistema de banco de dados ou processo similar, em qualquer forma ou meio, seja eletrônico, de fotocópia, gravação etc., sem a permissão do detentor do copirraite.

Editora Nova Fronteira Participações S.A.
Rua Candelária, 60 — 7º andar — Centro — 20091-020
Rio de Janeiro — RJ — Brasil
Tel.: (21) 3882-8200

Imagem de capa: Getty Images - Nina Leen

Dados Internacionais de Catalogação na Publicação (CIP)

R696v	Rodrigues, Nelson Vestido de noiva/ Nelson Rodrigues – [Edição especial].– Rio de Janeiro: Nova Fronteira, 2022. 120 p.; 12,5 x 18 cm; (Clássicos para Todos)
	ISBN: 978-65-5640-591-9
	1. Literatura brasileira. I. Título.
	CDD: B869 CDU: 821.134.3(81)

André Queiroz – CRB-4/2242

Conheça outros
livros da editora:

Sumário

Personagens 11
Primeiro ato 13
Segundo ato... 47
Terceiro ato 81
Sobre o autor..113

Programa da estreia de VESTIDO DE NOIVA, apresentada no Teatro Municipal do Rio de Janeiro, em 28 de dezembro de 1943.

OS COMEDIANTES
apresentam

VESTIDO DE NOIVA

Tragédia
de Nelson Rodrigues

Distribuição por ordem de aparecimento:

ALAÍDE	Lina Grey (Evangelina Guinle)
MME. CLESSI	Auristela Araújo
PEDRO, O NAMORADO, HOMEM DE CAPA E LIMPADOR	Carlos Perry
LÚCIA	Stela Perry
PAI DE ALAÍDE	Otávio Graça Melo
MÃE DE ALAÍDE	Maria B. Leite
MÃE DO NAMORADO	Luíza B. Leite Sans
D. LAURA	Leontina Kneese
4 REPÓRTERES	Armando Couto Álvaro Alberto

	Brutus Pedreira
	Carlos Melo
3 Mulheres	Virgínia de Souza Neto
	Maria Sarli
	Edelweiss
Mulher Inatual e Mulher do Telefone	Stela Graça Melo
Homens Inatuais	Isaac Paschoal
	Armando Couto
Médicos	Brutus Pedreira
	Álvaro Alberto
	Darcy dos Reis
	Luiz Paulo
Médico de Serviço e Speaker	Brutus Pedreira
Rapaz do Café	Nelio Braga
Jornaleiros	Meninos da Casa do Pequeno Jornaleiro
Mulher da "Paciência"	(lupanar)
Dançarina	(lupanar)
Terceira Mulher	(lupanar)
4 Pequenos Jornaleiros	

Direção e *mise-en-scène* de *Z. Ziembinski*
Arquitetura cênica e figurinos de *Santa Rosa*
Modelo do vestido de noiva de *sra. Inga Vargas*

Personagens

Alaíde
Lúcia
Pedro
Madame Clessi
(Cocote[1] de 1905)
Mulher de Véu
Primeiro Repórter
(Pimenta)
Segundo Repórter
Terceiro Repórter
Quarto Repórter
Homem Inatual
Mulher Inatual
Segundo Homem Inatual
O Limpador
(Cara de Pedro)
Homem de Capa
(Cara de Pedro)
Namorado e Assassino de Clessi
(Cara de Pedro)
Leitora do Diário da Noite
Gastão
(Pai de Alaíde e de Lúcia)
D. Lígia
(Mãe de Alaíde e de Lúcia)
D. Laura
(Sogra de Alaíde e de Lúcia)
Primeiro Médico
Segundo Médico
Terceiro Médico
Quarto Médico

---

[1] *Cocote*: palavra de origem francesa que, no Brasil do começo do século XX, designava uma prostituta galante e refinada.

Primeiro ato

(Cenário — dividido em três planos: primeiro plano: alucinação; segundo plano: memória; terceiro plano: realidade. Quatro arcos no plano da memória; duas escadas laterais. Trevas.)

MICROFONE
    — Buzina de automóvel. Rumor de derrapagem violenta. Som de vidraças partidas. Silêncio. Assistência.[2] Silêncio.

VOZ DE ALAÍDE
    (microfone) — Clessi... Clessi...

(Luz em resistência no plano da alucinação. Três mesas, três mulheres escandalosamente pintadas, com vestidos berrantes e compridos. Decotes. Duas delas dançam ao som de uma vitrola invisível, dando uma vaga sugestão lésbica. Alaíde, uma jovem senhora, vestida com sobriedade e bom gosto, aparece no centro da cena. Vestido cinzento e uma bolsa vermelha.)

ALAÍDE
    (nervosa) — Quero falar com madame Clessi! Ela está?
(Fala à 1ª mulher que, numa das três mesas, faz "paciência". A mulher não responde.)

ALAÍDE
    (com angústia) — Madame Clessi está — pode-me dizer? *(com ar ingênuo)* Não responde! *(com doçura)* Não quer responder?

(Silêncio da outra.)

---

[2] Assistência: ambulância.

ALAÍDE
>(hesitante) — Então perguntarei *(pausa)* àquela ali.
(Corre para as mulheres que dançam.)
ALAÍDE
>— Desculpe. Madame Clessi. Ela está?

(2ª mulher também não responde.)

ALAÍDE
>*(sempre doce)* — Ah! Também não responde?

(Hesita. Olha para cada uma das mulheres. Passa um homem, empregado da casa, camisa de malandro. Carrega uma vassoura de borracha e um pano de chão. O mesmo cavalheiro aparece em toda a peça, com roupas e personalidades diferentes. Alaíde corre para ele.)

ALAÍDE
>*(amável)* — Podia-me dizer se madame...

(O homem apressa o passo e desaparece.)

ALAÍDE
>*(num desapontamento infantil)* — Fugiu de mim! *(no meio da cena, dirigindo-se a todas, meio agressiva)* Eu não quero nada de mais. Só saber se madame Clessi está!

(A 3ª mulher deixa de dançar e vai mudar o disco da vitrola. Faz toda a mímica de quem escolhe um disco, que ninguém vê, coloca-o na vitrola também invisível. Um samba coincidindo com este último movimento. A 2ª mulher aproxima-se, lenta, de Alaíde.)

1ª MULHER
>*(misteriosa)* — Madame Clessi?

ALAÍDE

    (numa alegria evidente) — Oh! Graças a Deus! Madame Clessi, sim.

2ª MULHER

    (voz máscula) — Uma que morreu?

ALAÍDE

    (espantada, olhando para todas) — Morreu?

2ª MULHER

    (para as outras) — Não morreu?

1ª MULHER

    (a que joga "paciência") — Morreu assassinada.

3ª MULHER

    (com voz lenta e velada) — Madame Clessi morreu! *(brusca e violenta)* Agora, saia!

ALAÍDE

    (recuando) — É mentira. Madame Clessi não morreu. *(olhando para as mulheres)* Que é que estão me olhando? *(noutro tom)* Não adianta, porque eu não acredito!...

2ª MULHER

    — Morreu, sim. Foi enterrada de branco. Eu vi.

ALAÍDE

    — Mas ela não podia ser enterrada de branco! Não pode ser.

1ª MULHER

    — Estava bonita. Parecia uma noiva.

ALAÍDE

    (excitada) — Noiva? *(com exaltação)* Noiva — ela? *(tem um riso entrecortado, histérico)* Madame Clessi, noiva! *(o riso, em crescendo, transforma-se em soluço)* Parem com essa música! Que coisa!

(Música cortada. Ilumina-se o plano da realidade. Quatro telefones, em cena, falando ao mesmo tempo. Excitação.)

PIMENTA
— É o *Diário*?
REDATOR
— É.
PIMENTA
— Aqui é o Pimenta.
CARIOCA-REPÓRTER
— É *A Noite*?
PIMENTA
— Um automóvel acaba de pegar uma mulher.
REDATOR D'A NOITE
— O que é que há?
PIMENTA
— Aqui na Glória,[3] perto do relógio.
CARIOCA-REPÓRTER
— Uma senhora foi atropelada.
REDATOR DO DIÁRIO
— Na Glória, perto do relógio?
REDATOR D'A NOITE
— Onde?
CARIOCA-REPÓRTER
— Na Glória.
PIMENTA
— A assistência já levou.
CARIOCA-REPÓRTER
— Mais ou menos no relógio. Atravessou na frente do bonde.
REDATOR D'A NOITE
— Relógio.
PIMENTA
— O chofer fugiu.

---

[3] Glória: bairro do Rio de Janeiro, relativamente próximo ao Centro da cidade. Na época era tido como elegante.

Redator do Diário
    — O.k.
Carioca-repórter
    — O chofer meteu o pé.
Pimenta
    — Bonita, bem-vestida.
Redator d'A Noite
    — Morreu?
Carioca-repórter
    — Ainda não. Mas vai.

(Trevas. Ilumina-se o plano da alucinação.)

Alaíde
    (trazendo, de braço, a 1ª mulher, para um canto) — Aquele homem ali. Quem é?

(Indica um homem que acaba de entrar e que fica olhando para Alaíde.)

3ª mulher
    — Sei lá! *(noutro tom)* Vem aos sábados.
Alaíde
    (aterrorizada) — Tem o rosto do meu marido. *(recua, puxando a outra)* A mesma cara!
3ª mulher
    — Você é casada?
Alaíde
    (fica em suspenso) — Não sei. *(em dúvida)* Me esqueci de tudo. Não tenho memória — sou uma mulher sem memória. *(impressionada)* Mas todo o mundo tem um passado; eu também devo ter — ora essa!
3ª mulher
    (em voz baixa) — Você o que é, é louca.

ALAÍDE

    (impressionada) — Sou louca? *(com doçura)* Que felicidade!

2ª MULHER

    (aproximando-se) — O que é que vocês estão conversando aí?

3ª MULHER

    (para Alaíde) — Isso é aliança?

ALAÍDE

    (mostrando o dedo) — É.

3ª MULHER

    (olhando) — Aliança de casamento.

2ª MULHER

    — A da minha irmã é mais fina.

3ª MULHER

    (cética) — Grossa ou fina, tanto faz. *(dá passos de dança)*

ALAÍDE

    (excitada) — Oh! meu Deus! Madame Clessi! Madame Clessi! Madame Clessi!

(O homem solitário aproxima-se. Alaíde afasta-se com a 3ª mulher.)

ALAÍDE

    — Ele vem aí! Digam que eu não sou daqui! Depressa! Expliquem!

3ª MULHER

    (fala dançando samba) — Eu dizer o quê, minha filha!

O HOMEM

    — É nova aqui?

ALAÍDE

    (modificando a atitude inteiramente) — Não, não sou nova. Não tinha me visto ainda?

O HOMEM

    (sério) — Não.

ALAÍDE
> *(excitada, mas amável)* — Pois admira. Estou aqui — deixe ver. Faz uns três meses...

O HOMEM
> — Agora me lembro perfeitamente.

ALAÍDE
> *(sardônica)* — Lembra-se de mim?

O HOMEM
> — Me lembro, sim.

ALAÍDE
> *(cortante)* — Bufão!

O HOMEM
> *(espantado)* — O quê?

2ª MULHER
> *(apaziguadora)* — Desculpe, doutor. Ela é louca. *(para Alaíde)* Madame não gosta disso!

O HOMEM
> — Por que é que põem uma louca aqui?

ALAÍDE
> *(excitada)* — Bufão, sim. *(desafiadora)* Diga se já me viu alguma vez? Diga, se tem coragem!

O HOMEM
> *(formalizado)* — Vou-me queixar à madame. Não está direito!

2ª MULHER
> *(para Alaíde, repreensiva)* — Viu? Estou dizendo!

ALAÍDE
> — Diga! Já me viu? Eu devia esbofeteá-lo...

O HOMEM
> *(oferecendo a face)* — Quero ver.

ALAÍDE
> *(numa transição inesperada)* — ...mas não quero. *(passa da violência para a doçura)* Estou sorrindo — viu? Aquilo não foi nada! *(sorri docemente)*

O HOMEM

—Vamos sentar ali?

ALAÍDE

(sorrindo sempre) — Estou sorrindo, sem vontade. Nenhuma. Vou com você — nem sei por quê. Sou assim. *(doce)* Vamos, meu amor?

O HOMEM

(desconfiado) — Por que é que você está vestida diferente das outras? *(as outras estão vestidas de cetim vermelho, amarelo e cor-de-rosa)*

ALAÍDE

(doce) — Viu como eu disse — "meu amor"! Eu direi outras vezes — "meu amor" — e coisas piores! Madame Clessi está demorando! *(noutro tom)* Mas ela morreu mesmo?

O HOMEM

(numa gargalhada) — Madame Clessi morreu — gorda e velha.

ALAÍDE

(num transporte) — Mentira! *(agressiva)* Gorda e velha o quê! Madame Clessi era linda. *(sonhadora)* Linda!

O HOMEM

(continuando a gargalhada e sentando-se no chão) — Tinha varizes! Andava gemendo e arrastando os chinelos!

ALAÍDE

(obstinada) — Mulher gorda, velha, cheia de varizes, não é amada! E ela foi tão amada! *(feroz)* Seu mentiroso! *(Alaíde esbofeteia o homem, que corta bruscamente a gargalhada) (A 3ª mulher vem, em passo de samba, e acaricia a cabeça do homem)*

1ª MULHER

— Ele disse a verdade. Madame tinha varizes.

ALAÍDE

(sonhadora) — Depois de morta foi vestida de noiva!

1ª MULHER
— Bobagem ser enterrada com vestido de noiva!

ALAÍDE
(angustiada) — Madame Clessi! Madame Clessi!

O HOMEM
(levantando-se, grave) — Agora vou-me embora. Fui esbofeteado e é o bastante.

ALAÍDE
(com uma amabilidade nervosa) — Ah! Já vai? Quer o número do meu telefone?

O HOMEM
(sem dar atenção) — Nunca fui tão feliz! Levei uma bofetada e não reagi. *(cumprimentando exageradamente)* Me dão licença.

ALAÍDE
(correndo atrás dele) — Não vá assim! Fique mais um pouco!

O HOMEM
— Adeus, madame. *(sai)*

(A 3ª mulher dança com uma sensualidade ostensiva. Passa o empregado, de volta, com a vassoura, o pano de chão e o balde.)

ALAÍDE
(saturada) — Ah! Meu Deus! Esse também!

1ª MULHER
— Quem?

ALAÍDE
— Aquele. Tem a cara do meu noivo. Os olhos, o nariz do meu noivo — estão-me perseguindo. Todo o mundo tem a cara dele.

(Duas mesas e três mulheres desaparecem. Duas mulheres levam duas cadeiras. As duas mesas são puxadas para cima. Surge na escada uma mulher.

Espartilhada,[4] chapéu de plumas. Uma elegância antiquada de 1905. Bela figura. Luz sobre ela.)

ALAÍDE

    (num sopro de admiração) — Oh!

MADAME CLESSI

    — Quer falar comigo?

ALAÍDE

    (aproximando-se, fascinada) — Quero, sim. Queria...

MADAME CLESSI

    —Vou botar um disco. *(dirige-se para a invisível vitrola, com Alaíde atrás)*

ALAÍDE

    — A senhora não morreu?

MADAME CLESSI

    Vou botar um samba. Esse aqui não é muito bom. Mas vai assim mesmo.

(Samba surdinando.)

MADAME CLESSI

    — Está vendo como estou gorda, velha, cheia de varizes e de dinheiro?

ALAÍDE

    — Li o seu diário.

MADAME CLESSI

    (cética) — Leu? Duvido! Onde?

ALAÍDE

    (afirmativa) — Li, sim. Quero morrer agora mesmo, se não é verdade!

---

[4] Espartilhada: de espartilho. Vestindo um espartilho.

MADAME CLESSI
    — Então diga como é que começa. *(Clessi fala de costas para Alaíde)*

ALAÍDE
    (recordando) — Quer ver? É assim... *(ligeira pausa)* "ontem, fui com Paulo a Paineiras..."[5] *(feliz)* É assim que começa.

MADAME CLESSI
    (evocativa) — Assim mesmo. É.

ALAÍDE
    (perturbada) — Não sei como a senhora pôde escrever aquilo! Como teve coragem! Eu não tinha!

MADAME CLESSI
    (à vontade) — Mas não é só aquilo. Tem outras coisas.

ALAÍDE
    (excitada) — Eu sei. Tem muito mais. Fiquei!... *(inquieta)* Meu Deus! Não sei o que é que eu tenho. É uma coisa — não sei. Por que é que eu estou aqui?

MADAME CLESSI
    — É a mim que você pergunta?

ALAÍDE
    (com volubilidade) — Aconteceu uma coisa, na minha vida, que me fez vir aqui. Quando foi que ouvi seu nome pela primeira vez? *(pausa)* Estou-me lembrando!

(Entra o cliente anterior com guarda-chuva, chapéu e capa. Parece boiar.)

ALAÍDE
    — Aquele homem! Tem a mesma cara do meu noivo!

---

[5] Paineiras: a estrada do Redentor é mais conhecida como estrada das Paineiras por cruzar uma área vastamente arborizada, principalmente por árvores dessa espécie. A estrada faz parte da Floresta da Tijuca e é um dos acessos ao morro do Corcovado.

MADAME CLESSI

— Deixa o homem! Como foi que você soube do meu nome?

ALAÍDE

— Me lembrei agora! *(noutro tom)* Ele está-me olhando. *(noutro tom, ainda)* Foi uma conversa que eu ouvi quando a gente se mudou. No dia mesmo, entre papai e mamãe. Deixe eu me recordar como foi... Já sei! Papai estava dizendo: "O negócio acabava..."

(Escurece o plano da alucinação. Luz no plano da memória. Aparecem pai e mãe de Alaíde.)

PAI

(continuando a frase) — "...numa orgia louca."

MÃE

— E tudo isso aqui?

PAI

— Aqui, então?!

MÃE

— Alaíde e Lúcia morando em casa de madame Clessi. Com certeza, é no quarto de Alaíde que ela dormia. O melhor da casa!

PAI

— Deixa a mulher! Já morreu!

MÃE

— Assassinada. O jornal não deu?

PAI

— Deu. Eu ainda não sonhava conhecer você. Foi um crime muito falado. Saiu fotografia.

MÃE

— No sótão tem retratos dela, uma mala cheia de roupas. Vou mandar botar fogo em tudo.

PAI
> — Manda.

(Apaga-se o plano da memória. Luz no plano da alucinação.)

ALAÍDE
> *(preocupada)* — Mamãe falou em Lúcia. Mas quem é Lúcia? Não sei. Não me lembro.

MADAME CLESSI
> — Então vocês foram morar lá? *(nostálgica)* A casa deve estar muito velha.

ALAÍDE
> — Estava, mas Pedro... *(excitada)* Agora me lembrei: Pedro. É meu marido! Sou casada. *(noutro tom)* Mas essa Lúcia, meu Deus! *(noutro tom)* Eu acho que estou ameaçada de morte! *(assustada)* Ele vem para cá. *(refere-se ao homem solitário que se aproxima)*

CLESSI
> — Deixa.

ALAÍDE
> *(animada)* — Pedro mandou reformar tudo, pintar. Ficou nova, a casa. *(noutro tom)* Ah! eu corri ao sótão, antes que mamãe mandasse queimar tudo!

CLESSI
> — Então?

ALAÍDE
> — Lá vi a mala — com as roupas, as ligas, o espartilho cor-de-rosa. E encontrei o diário. *(arrebatada)* Tão lindo, ele!

CLESSI
> *(forte)* — Quer ser como eu, quer?

ALAÍDE
> *(veemente)* — Quero, sim. Quero.

CLESSI

    (exaltada, gritando) — Ter a fama que eu tive. A vida. O dinheiro. E morrer assassinada?

ALAÍDE

    (abstrata) — Fui à Biblioteca[6] ler todos os jornais do tempo. Li tudo!

CLESSI

    (transportada) — Botaram cada anúncio sobre o crime! Houve um repórter que escreveu uma coisa muito bonita!

ALAÍDE

    (alheando-se bruscamente) — Espera, estou-me lembrando de uma coisa. Espera. Deixa eu ver! Mamãe dizendo a papai.

(Apaga-se o plano da alucinação. Luz no plano da memória. Pai e mãe.)

MÃE

    — Cruz! Até pensei ter visto um vulto — ando tão nervosa. Também esses corredores! A alma de madame Clessi pode andar por aí... e...

PAI

    — Perca essa mania de alma! A mulher está morta, enterrada!

MÃE

    — Pois é...

(Apaga-se o plano da memória. Luz no plano da alucinação.)

CLESSI

    — Mas o que foi?

---

[6] Biblioteca: referência à Biblioteca Nacional, na Cinelândia, centro do Rio de Janeiro.

ALAÍDE
— Nada. Coisa sem importância que eu me lembrei. *(forte)* Quero ser como a senhora. Usar espartilho. *(doce)* Acho espartilho elegante!

CLESSI
— Mas seu marido, seu pai, sua mãe e... Lúcia?

HOMEM
(para Alaíde) — Assassina!

(Apaga-se o plano da alucinação. Luz no plano da realidade. Sala de operação.)

1º MÉDICO
— Pulso?

2º MÉDICO
— 160.

1º MÉDICO
— Rugina.[7]

2º MÉDICO
— Como está isso!

1º MÉDICO
— Tenta-se uma osteossíntese![8]

3º MÉDICO
— Olha aqui.

1º MÉDICO
— Fios de bronze.

(Pausa.)

---

[7] Rugina: instrumento cirúrgico usado para raspar ossos fraturados, expondo o tecido interno para facilitar a ligadura.

[8] Osteossíntese: ligadura das extremidades de ossos fraturados através de fios metálicos.

1º MÉDICO
> — O osso!

3º MÉDICO
> — Agora é ir até o fim.

1º MÉDICO
> — Se não der certo, faz-se a amputação.

(Rumor de ferros cirúrgicos.)

1º MÉDICO
> — Depressa!

(Apaga-se a sala de operação. Luz no plano da alucinação.)

HOMEM
> *(para Alaíde, sinistro)* — Assassina!

CLESSI
> *(espantada)* — O quê?

HOMEM
> *(indicando)* — Ela! Assassina!

CLESSI
> *(para Alaíde)* — Você?

ALAÍDE
> *(nervosíssima)* — Não me pergunte nada. Não sei. Não me lembro. *(num lamento)* Se, ao menos, soubesse quem é Lúcia!

HOMEM
> *(angustiado)* — Não tem ninguém aqui? Quero chope!

ALAÍDE
> *(em pânico)* — Ele quer-me prender! Não deixe!

CLESSI
> *(assombrada)* — Você... Matou? Você?

ALAÍDE
> *(desesperada)* — Matei, sim. Matei, pronto!

HOMEM

    (queixoso) — Meu Deus! Não tem ninguém para me servir. *(com angústia)* Ninguém! *(olha para Alaíde)* Assassina!

ALAÍDE

    (patética) — Matei. Matei meu noivo.

HOMEM

    — Ela disse — "matei meu noivo". Foi. Eu assisti.

ALAÍDE

    — Não assistiu nada! Não tinha ninguém. Lá não tinha ninguém! E não foi meu noivo. Foi meu marido!

CLESSI

    (frívola) — Marido ou noivo, tanto faz.

ALAÍDE

    (histérica, para o homem) — Agora me leve, me prenda — sou uma assassina.

HOMEM

    — Não prendo. Não tenho nada com isso! *(angustiado)* Não há ninguém para me servir? *(melancólico)* Ninguém!

CLESSI

    — O senhor tem a cara do marido de Alaíde?

ALAÍDE

    — Tem, sim. Ele vai dizer que não, mas tem.

HOMEM

    (grave) — Tenho...

(O homem afasta-se. Mesa desaparece. O homem carrega a cadeira.)

HOMEM

    — Quando quiser carregar o corpo, eu ajudo. *(sai)*

ALAÍDE

    — Ele está ali. Ali.

CLESSI
> *(admirada)* — Ele quem?

ALAÍDE
> *(baixo)* — Meu marido.

CLESSI
> —Vivo?

ALAÍDE
> — Morto.

(Alaíde guia Clessi. Aponta para um invisível cadáver.)

ALAÍDE
> —Viu?

CLESSI
> — Estou vendo. Mas você?...

ALAÍDE
> — Eu. Olha os pés. Assim — tortos. *(faz a mímica correspondente)*

(Buzina. Rumor de derrapagem. Ambulância. Alaíde e Clessi imóveis.)

CLESSI
> — Mas por que fez isso?

ALAÍDE
> *(excitada)* — Ele era bom, muito bom. Bom a toda hora e em toda parte. Eu tinha nojo de sua bondade. *(pensa, confirma)* Não sei, tinha nojo. Estou-me lembrando de tudo, direitinho, como foi. Naquele dia eu disse: "Eu queria ser madame Clessi, Pedro. Que tal?"

(Apaga-se o plano da alucinação. Luz no plano da memória.)

PEDRO
> —Você continua com essa brincadeira?

ALAÍDE

— Brincadeira o quê? Sério!

PEDRO

— Não me aborreça, Alaíde!

ALAÍDE

— O que é que você fazia?

PEDRO

— Não sei. *(rápido)* Matava você.

ALAÍDE

(cética) — Duvido. Nunca que você teria essa coragem!

PEDRO

(olhando-a) — É. Não teria.

ALAÍDE

— Não disse? Mas se eu fugisse, se me transformasse numa madame Clessi?

PEDRO

— Sei lá, Alaíde! Sei lá!

ALAÍDE

(perversa) — Ah! É assim que você responde? Pois fique sabendo...

PEDRO

— O quê?...

ALAÍDE

(maliciosa) — Não digo! *(cantarola "Danúbio azul")*

PEDRO

(gritando) — Agora diga. Diga.

ALAÍDE

(maliciosa) — Digo o quê!

PEDRO

— Então não falasse!

(Trevas. Luz no plano da alucinação, onde já está Alaíde.)

ALAÍDE

> *(num tom sinistro e inesperado)* — Tem alguém querendo me matar.

CLESSI

> — Isso já sei. O que eu quero saber é como você matou Pedro. Como foi?

ALAÍDE

> — Interessante. Estou-me lembrando de uma mulher, mas não consigo ver o rosto. Tem um véu. Se eu a reconhecesse!...

CLESSI

> — Deixa a mulher de véu. Como foi que você matou?

ALAÍDE

> *(atormentada)* — Estou sentindo um cheiro de flores, de muitas flores. Estou até enjoada. *(noutro tom)* Como eu matei? Nem sei direito. Estou com a cabeça tão embaralhada! Começo a me lembrar. Só esqueci o motivo. Naquele dia eu estava doida. *(trevas.)*

VOZ DE ALAÍDE

> *(das trevas)* — Doida de ódio. Talvez por causa da mulher do véu. Ainda não sei quem ela é, mas hei de me lembrar. Pedro estava lendo um livro.

(Luz no plano da memória. Pedro lê um livro.)

ALAÍDE

> *(provocadora)* — Você não acaba com esse livro?

PEDRO

> — Mas, minha filha, comecei agora!

ALAÍDE

> *(com irritação)* — Por causa dos seus livros você até esquece que eu existo!

PEDRO

> *(conciliatório)* — Não seja boba! *(levanta-se, quer abraçar a mulher)*

ALAÍDE
>(*repelindo-o*) — Fique quieto! Não, não, já disse!

(*Pedro insiste.*)

ALAÍDE
>(*sentida*) — Não quero! Vá ler seu livro, vá!

PEDRO
>(*brincando*) — Não vou!

VOZ DE CLESSI
>(*microfone*) — Quem é essa mulher de véu?

PEDRO
>— Não seja assim, Alaíde!

ALAÍDE
>(*veemente*) — Não seja assim o quê! Você nem me liga e agora está com esses fingimentos.

PEDRO
>(*afetuoso*) — Deixe de ser criança! Venha cá! Um beijinho só!

ALAÍDE
>(*intransigente*) — Não, não vou, não! Desista. (*ameaçadora*) Pedro! (*repele-o*) Também vou ler!

PEDRO
>— O quê?

ALAÍDE
>(*enigmática*) — Você nem faz ideia! Um diário! O diário de uma grande mulher!

(*Trevas.*)

ALAÍDE
>(*nas trevas, ao microfone*) — Ele não sabia por que eu estava mudada. Tão mudada. Como podia saber que era um

fantasma — o fantasma de madame Clessi — que me enlouquecia?

VOZ DE CLESSI
              (microfone) — Só o meu fantasma, não. E os outros dois fantasmas? A mulher de véu e Lúcia?

VOZ DE ALAÍDE
              — Depois, eu vejo isso. (noutro tom) Se ele soubesse que ia morrer!...

(Luz no plano da memória. Pedro lê.)

ALAÍDE
              (provocante) — Pedro. (diz o nome de maneira cantante, destacando as sílabas, PE-DRO; silêncio de Pedro) Ah! está assim, hem!

PEDRO
              (sem se voltar) — Quem manda você fazer o que fez?

ALAÍDE
              — Eu não fiz nada!

PEDRO
              — Me repeliu!

ALAÍDE
              — Repeli, sim. Eu não gosto de você! Deixei de gostar há muito tempo! Desde o dia de nosso casamento...

PEDRO
              (levanta-se e aproxima-se) — Bobinha!

ALAÍDE
              — Sério!

(Os dois se olham.)

ALAÍDE
              (ficando de costas) — Gosto de outro.

Pedro

(apreensivo) — Alaíde! Olhe o que eu lhe disse!

Alaíde

(acintosa) — Gosto, sim. Gosto de outro. Que é que está me olhando?

Pedro

(com certa ameaça) — Não continue, Alaíde!

Alaíde

— No mínimo, você está pensando: "Se ela gostasse de outro, não diria." Acertei?

Pedro

—Você é completamente doida!

Alaíde

— Por que é que você não se ofende com as coisas que estou dizendo?

Pedro

—Vou ligar ao que você diz?!

Alaíde

(irônica) — Ah! Não! *(exaltada)* Você faz mal em dizer que não mataria nunca a sua mulher!... Um marido que dá garantias de vida está liquidado.

Pedro

(irritado) — Não provoque, Alaíde!

Alaíde

(exaltada) —Vou abandonar você, fugir daqui! Quero ser livre, meu filho! Livre! Tão bom!

Pedro

(impulsivo, pega-lhe o braço, torce-lhe o pulso. Terrível) — Não disse para não me provocar — não disse?

Alaíde

(desesperada) —Ai — ai! Eu estava brincando, Pedro. Ai! Ai!

Pedro

(sinistro) — Nunca mais na sua vida brinque assim — nunca mais! Ouviu?

ALAÍDE

>(*louca de dor*) — Pelo amor de Deus, Pedro — ai. Não Pedro! Juro...

(*Pedro larga. Alaíde esconde o braço machucado nas costas.*)

ALAÍDE

>(*ofegando*) — Você me machucou. Eu estava brincando só...

(*Pedro vira-lhe as costas. Acende, com a mão trêmula, um cigarro. Volta-se para Alaíde.*)

ALAÍDE

>(*deixando cair a pulseira*) — Pedro, minha pulseira caiu. Quer apanhar para mim? Quer?

(*Pedro vai apanhar. Abaixa-se. Rápida e diabólica, Alaíde apanha um ferro, invisível, ou coisa que o valha, e, possessa, entra a dar golpes. Pedro cai em câmara lenta.*) (*Trevas.*)

VOZ DE ALAÍDE

>(*microfone*) — Eu bati aqui detrás, acho que na base do crânio. Ele deu arrancos antes de morrer, como um cachorro atropelado.

VOZ DE CLESSI

>(*microfone*) — Mas como foi que você arranjou o ferro?

VOZ DE ALAÍDE

>(*microfone*) — Sei lá! Apareceu! (*noutro tom*) Às vezes penso que ele pode estar vivo! Não sei de nada, meu Deus! Nunca pensei que fosse tão fácil matar um marido.

(*Luz no plano da alucinação. Alaíde e Clessi sentadas no chão e no lugar em que, supostamente, está o cadáver invisível. As duas olham.*)

CLESSI

—Vamos carregar o homem?

CLESSI

(acariciando o morto presumivelmente na cabeça) — Coitado!

ALAÍDE

— Um morto é bom, porque a gente deixa num lugar e quando volta ele está na mesma posição.

CLESSI

—Você está mesmo sentindo um cheiro de flores?

ALAÍDE

(agitada) — Vamos carregar? (noutro tom) Mas para onde, meu Deus! Não tem lugar!

CLESSI

— A gente esconde debaixo da cama.

ALAÍDE

(desesperada) — Mas ele não pode ficar lá a vida inteira. O empregado — quando for arrumar o quarto — descobre.

CLESSI

— Aqui é pior. Pode vir a polícia.

ALAÍDE

(agoniada) —Vamos logo, então?!

CLESSI

(explicando) — Olha, eu puxo por um braço e você por outro.

ALAÍDE

— Arrastando o corpo, faz-se menos força.

(Cada uma puxa pelo braço de um invisível cadáver, arrastando-o. Realizam o respectivo esforço. Arquejam.)

ALAÍDE

(ofegando) — Isso como pesa! (as duas detêm-se. Fazem como se, cuidadosamente, estendessem o corpo da vítima no chão. Clessi passa por cima do cadáver)

CLESSI

>*(sentando-se no chão)* —Você agora não está com pena dele?

ALAÍDE

>*(excitada)* — Pena, eu? Pena nenhuma! Só ódio! *(noutro tom)* Meu Deus, o que é que ele fez? *(confusa e angustiada)* O que foi?

CLESSI

>— Eu não sei, minha filha.

ALAÍDE

>*(angustiada)* — Não consigo me lembrar. Mas fez alguma coisa, sim. No mínimo, a mulher de véu está metida nisso!...

CLESSI

>— E Lúcia também.

(Entra o homem de capa e guarda-chuva. Aproxima-se. As duas olham, sem dizer palavra.)

HOMEM

>*(perto de Alaíde)* — Assassina!

(Imobilizam-se, emudecem os personagens. Rumor de derrapagem; grito. Ambulância.)

ALAÍDE

>— Que é que está me olhando? Nunca me viu? *(noutro tom)* Prenda — ande, está com medo? *(para Clessi)* Você ouviu um grito? Vamos para a polícia?

HOMEM

>— Assassina!

(Trevas. Luz no plano da memória. Quatro jornaleiros, um em cada arco.)

1º PEQ. JORNALEIRO
> — Olha. *A Noite!* O *Diário!* A mulher que matou o marido!

2º PEQ. JORNALEIRO
> —Vai querer? *A Noite!* O *Diário!* Tragédia em Copacabana!

3º PEQ. JORNALEIRO
> — *A Noite! Diário!* Morreu o coisa!

4º PEQ. JORNALEIRO
> — *Diário!* Violento artigo! Já leu aí?

1º PEQ. JORNALEIRO
> — Olha a mulher que engoliu um tijolo! O *Diário!*

(Os quatro jornaleiros repetem, ao mesmo tempo, os pregões acima. Trevas. Luz no plano da alucinação.)

ALAÍDE
> *(angustiada)* — Papai e mamãe, todo o mundo vai ler nos jornais. Vão pôr o meu retrato!

HOMEM
> — Por que você matou seu marido?

CLESSI
> *(intervindo)* — Ele era muito ruim! O doutor não imagina!

ALAÍDE
> *(veemente)* — Ruim nada! Era até muito bom. *(excitada)* Nobre!

CLESSI
> — Boba! Você estragou tudo!

ALAÍDE
> — Mas eu não me lembro por que matei — não me lembro!

HOMEM
> — Eu sei.

ALAÍDE
— Então diga.

HOMEM
— Há mulher no meio. *(confidencial)* Uma mulher de véu. Tem um véu tapando o rosto. Percebeu?

ALAÍDE
(surpresa) — Uma mulher de véu? *(animada)* Mas o senhor então deve saber quem é ela. Tem que saber! Diga!

HOMEM
— Não digo. *(cumprimenta)* Com licença. Adeus! *(antes de desaparecer)* Lembre-se de seu casamento! *(sai)*

(Trevas. Luz no plano da realidade. Redação e casa.)

MULHER
(gritando) — Quem fala?

REDATOR DO DIÁRIO
(comendo sanduíche) — O *Diário*.

MULHER
(esganiçada) — Aqui é uma leitora.

REDATOR DO DIÁRIO
— Muito bem.

MULHER
— Eu moro aqui num apartamento, na Glória! Vi um desastre horrível!

REDATOR DO DIÁRIO
— Uma mulher atropelada.

MULHER
— A culpa toda foi do chofer. Eles passam por aqui, o senhor não imagina! Então, quem tem criança!...

REDATOR DO DIÁRIO
— Claro!

MULHER
> — Quando a mulher viu, já era tarde! O *Diário* podia botar uma reclamação contra o abuso dos automóveis!

REDATOR DO DIÁRIO
> —Vamos, sim! *(desliga)*

MULHER
> *(continuando)* — Obrigada, ouviu?

(Trevas. Luz no plano da alucinação. Alaíde e Clessi no mesmo lugar. Mas no chão, deitado, está realmente um homem — o mesmo de sempre. Roupa diferente.)

ALAÍDE
> *(perturbada)* — Que é que tem meu casamento? Ele disse: "Lembre-se de seu casamento."

(Som da "Marcha nupcial". Alaíde levanta-se. Faz um gesto como que apanhando a cauda do invisível vestido de noiva. Faz que se ajeita.)

CLESSI
> — Bonito vestido! Quem foi que teve a ideia?

ALAÍDE
> *(transportada)* — Eu vi num filme. A grinalda é que é diferente. Mas o resto é igualzinho à fita.[9]

(Alaíde passa ao plano da memória, que se ilumina.)

PEDRO
> *(levantando-se naturalmente e passando também ao plano da memória) (puxa o relógio)* — Está quase na hora. Temos que andar depressa; depois do nosso, tem outro casamento.

---

[9] Fita: palavra comum na época para designar filme de cinema.

ALAÍDE

 — Quer dizer que o outro casamento vai aproveitar a nossa ornamentação?

PEDRO

 — Deixa. Não tem importância.

ALAÍDE

 —Ah! Pedro!

PEDRO

 — Que foi?

ALAÍDE

 (numa atitude inesperada) — Me esqueci que faz mal o noivo ver a noiva antes. Não é bom! *(vira as costas)*

PEDRO

 — Isso é criancice! Agora não adianta! Já vi!

ALAÍDE

 (suplicante) —Vá, Pedro, vá!

(Entra a mãe de Alaíde.)

ALAÍDE

 (com um ar de sonâmbula) — O *bouquet*,[10] mamãe?

CLESSI

 — Sua mãe não pode ser.

(A mãe volta em marcha a ré.)

CLESSI

 — Ela só apareceu depois! Você sozinha no quarto, sem ninguém, Alaíde? Uma noiva sempre tem gente perto. O quê? Você pode não se lembrar, mas lá devia ter alguém, sem ser sua mãe! Lembre-se.

---

[10] *Bouquet*: buquê. Na época ainda se escrevia essa palavra de acordo com a grafia francesa de origem.

("Marcha nupcial." Alaíde faz mímica de quem retoca a toilette.[11] O pai e a mãe de Alaíde entram, com roupa de passeio.)

PAI

— Tudo pronto?

ALAÍDE

— Quase. Vão tocar mesmo a "Ave-Maria" de Gounod,[12] papai?

PAI

— Vão. Já falei na igreja.

MÃE

— Está aí d. Laura.

ALAÍDE

(virando-se) — Ah! D. Laura.

D. LAURA

— Como vai?

(Beijam-se.)

ALAÍDE

(faceira, expondo-se) — Que tal a sua nora? Muito feia?

D. LAURA

— Linda. Um amor!

ALAÍDE

— Olha, papai. Desculpe, d. Laura.

D. LAURA

— Ora, minha filha.

---

[11] *Toilette*: toalete. Também se escrevia de acordo com a grafia francesa. E a palavra designava a pintura do rosto feminino, o arranjo dos cabelos etc.

[12] Gounod: Charles Gounod (1818-1893), célebre compositor e crítico de música francês, conhecido por suas obras de inspiração religiosa.

ALAÍDE
(para o pai) — Ou "Ave-Maria" de Gounod, ou, então, de Schubert.[13] Faço questão. Outra não serve.

PAI
— Já sei.

D. LAURA
— De Schubert ou de Gounod, qualquer uma é muito bonita. Ah!

(D. Laura parece ter notado a presença de uma pessoa que até então não vira. Dirige-se a essa pessoa invisível, beijando-a, presumivelmente, na testa.)

D. LAURA
— Desculpe. Eu não tinha visto você.

(Pausa para uma resposta que ninguém ouve.)

D. LAURA
(risonha) — Quando é o seu?

(Pausa para outra resposta.)

D. LAURA
(maliciosa) — Qual o quê? Está aí, não acredito! Tão moça, tão cheia de vida.

PAI
(para Alaíde, que está pronta) — Então vamos!

(D. Laura faz um gesto qualquer para a invisível pessoa e vai para junto de Alaíde.)

---

[13] Schubert: Franz Peter Schubert (1797-1828), compositor austríaco, autor de canções e melodias baseadas em poemas e temas populares.

D. Laura
             — Cuidado com a cauda!

(D. Laura apanha a imaginária cauda e entrega-a a Alaíde.)

Alaíde
             (num último olhar) — Não falta mais nada?
Mãe
             (olhando também) — Nada. Acho que não.
Pai
             (impaciente) — Já é tarde. Vamos descer.

("Marcha nupcial." Trevas.)

FIM DO PRIMEIRO ATO

Segundo ato

(Inicia-se o segundo ato. Trevas. Voz de Alaíde e Clessi ao microfone.)

CLESSI
— É impossível que não tenha havido mais coisas.

ALAÍDE
(impaciente com a própria memória) — Mas não me lembro, Clessi. Estou com a memória tão ruim!...

CLESSI
— Olha, Alaíde. Antes de sua mãe entrar, quando você pediu o *bouquet*, tinha alguém lá? Sem ser Pedro?

ALAÍDE
(desorientada) — Antes de mamãe entrar?

CLESSI
— Sim. Tinha que ter mais alguém. Já disse — uma noiva nunca fica tão abandonada na hora de vestir!

ALAÍDE
(como que fazendo um esforço de memória) — Antes de mamãe entrar... Só pensando. Deixa eu ver...

(Luz no plano da memória. Alaíde, vestida realmente de noiva, está sentada numa banqueta. Agora o espelho imaginário se transformou num espelho verdadeiro, grande, quase do tamanho de uma pessoa. A grinalda não está posta ainda. Alaíde sozinha.)

CLESSI
(microfone) — Ah! Quer ver uma coisa? Quem foi que d. Laura beijou na testa, depois que falou com você?

(Diante do espelho, Alaíde está retocando a toilette, *ajeitando os cabelos, recuando e aproximando o rosto do espelho etc.)*

CLESSI
>(microfone) — Ah! outra coisa! Quem foi que vestiu você? Foi sua mãe? Não? Pois é, Alaíde!

(Luz amortecida em penumbra. Entra uma mulher, quase que magicamente. Um véu tapa-lhe o rosto. Luz normal.)

CLESSI
>*(microfone)* — Não disse que tinha que ter mais gente? Olha aí! *(noutro tom)* A mulher de véu!

ALAÍDE
>*(nervosa como compete a uma noiva)*
>— Achou?

MULHER DE VÉU
>— Não. Remexi tudo!

ALAÍDE
>*(agoniada)* — Mas eu deixei a linha branca lá no seu quarto! Viu na cômoda?

MULHER DE VÉU
>*(taciturna)* — Vi. Não achei nada.

ALAÍDE
>— Na gaveta de baixo?

MULHER DE VÉU
>— Também.

ALAÍDE
>*(impaciente, retocando um detalhe da* toilette*)* — Você está tão esquisita!

(A mulher de véu procura ajeitar qualquer coisa no ombro de Alaíde.)

ALAÍDE
>— Quer chamar mamãe um instantinho?

(Silêncio.)

ALAÍDE
>	*(virando-se)* — Quer chamar?

MULHER DE VÉU
>	*(virando-lhe as costas)* — Não. Não chamo ninguém. *(agressiva)* Vá você!

ALAÍDE
>	*(sentida, põe rouge[14] lentamente; vira-se outra vez para a mulher de véu)* — Você tem alguma coisa!

MULHER DE VÉU
>	*(de costas)* — Eu? Não tenho nada. Nada, minha filha. *(ficando de frente para Alaíde, rápida e ríspida)* Você sabe muito bem! *(violenta)* Sabe e ainda pergunta!

ALAÍDE
>	*(levantando-se e apanhando a cauda)* — Chega. Eu mesma vou chamar.

(A mulher de véu, com rápida e sinistra decisão, coloca-se na frente de Alaíde.)

ALAÍDE
>	*(assombrada)* — Que é isso? *(noutro tom)* Eu acho que você não está regulando bem!

MULHER DE VÉU
>	*(intimativa)* — Sente-se aí. *(as duas se enfrentam)* Não vai chamar ninguém!

(Maquinalmente, Alaíde senta-se na banqueta, olhando, com espanto, a mulher de véu; esta mostra-se bastante excitada.)

ALAÍDE
>	*(numa alegação ingênua)* — Mas eu preciso da linha branca!

---

[14] *Rouge*: ruge, produto então muito usado pelas mulheres para enrubescer as maçãs do rosto. Como em outros casos, ainda era comum a grafia francesa.

MULHER DE VÉU

— Primeiro, vamos conversar! *(sardônica)* Linha branca!

ALAÍDE

—Você vai querer discutir agora! Agora!

MULHER DE VÉU

(exaltada) — Então! Por que não será agora? Que é que tem de mais? *(noutro tom)* Eu nunca falei, nunca disse nada, mas agora você tem que me ouvir!

ALAÍDE

(gritando) — Tem gente ouvindo! Fale baixo.

MULHER DE VÉU

(excitada) — Então você pensa que podia roubar o meu namorado e ficar por isso mesmo?

ALAÍDE

(entre suplicante e intimativa) —Você não vai fazer nada!

MULHER DE VÉU

(com desprezo) — Ah! Está com medo! *(irônica)* Natural. Casamento até na porta da igreja se desmancha.

ALAÍDE

(com mais coragem) — Mas o meu, não.

MULHER DE VÉU

(aproximando-se) — O seu não, coitada! *(noutro tom)* O seu, sim! Você não me desafie, Alaíde, não me desafie.

ALAÍDE

(erguendo-se) — Então não fale nesse tom!

MULHER DE VÉU

(agressiva) — Falo, falo — e se você duvida, faço escândalo agora mesmo. Aqui, quer ver?

(Silêncio de Alaíde.)

MULHER DE VÉU

(ameaçadora) — Se eu disser uma coisa que sei. Uma coisa que nem você sabe!

ALAÍDE
> *(baixo)* — O que é que você sabe?

MULHER DE VÉU
> — Se eu disser — Alaíde — duvido, e muito, que esse casamento se realize.

(Imobilizam-se mulher de véu e Alaíde. Depois, trevas.)

CLESSI
> *(microfone)* — Você parou quando a mulher de véu disse: "Duvido muito...

(Acende-se a luz. Só Alaíde e a mulher de véu, na mesma posição da cena anterior.)

CLESSI
> *(microfone, continuando)* — ...que esse casamento se realize!"

ALAÍDE
> — Mas o que foi que eu lhe fiz — diga? Para você estar assim?

MULHER DE VÉU
> *(exaltada)* — O que foi? Sua hipócrita!

ALAÍDE
> — Diga então o que foi!

MULHER DE VÉU
> — Quer dizer que não sabia que eu estava namorando Pedro?

ALAÍDE
> *(mais indignada)* — Aquilo, "namoro"?! Um *flirt*, um *flirt*[15] à toa!

---

[15] *Flirt*: flerte. Namorico, namoro ligeiro. Também era comum a escrita de acordo com a origem da palavra na língua inglesa.

Mulher de Véu

>*(mais indignada)* —Você quer dizer a mim que foi *flirt*. Quer-me convencer?

Alaíde

>*(teimosa)* — Foi.

Mulher de Véu

>*(violenta)* — E aquele beijo que ele me deu no jardim também foi *flirt*?

Alaíde

>— Sei lá de beijo! Que beijo?

Mulher de Véu

>— Está vendo como você é? Viu tudo! Você apareceu no terraço e entrou logo. Mas viu!

Alaíde

>*(desesperada)* — Eu não admito que você venha recordar essas coisas! Ele é meu noivo!

Mulher de Véu

>*(perversa)* —Viu ou não viu?

Alaíde

>— Não!

Mulher de Véu

>—Viu, sim!

Alaíde

>*(patética)* — Por que é que você não protestou antes? Por que não falou na hora?

Mulher de Véu

>— Porque não quis. Quis ver até onde você chegava. *(noutro tom)* Esperei por este momento.

(Batem na porta.)

Alaíde

>*(em pânico)* — Olha mamãe!

MÃE
>   *(da porta)* — Alaíde!

MULHER DE VÉU
>   *(baixo e resoluta)* — Deixe que eu respondo!

MÃE
>   — Vocês abrem isso?

MULHER DE VÉU
>   *(alto)* — Já vai. *(para Alaíde, baixo)* Fique aí. Olhe o que eu lhe disse: faço um escândalo!

(A mulher de véu dirige-se na direção de uma presumível porta.)

MULHER DE VÉU
>   *(com naturalidade)* — Já chamamos a senhora. Falta pouco.

MÃE
>   — O que é que vocês estão fazendo aí?

MULHER DE VÉU
>   — Alaíde já está quase pronta.

MÃE
>   — Abre. Eu quero ver.

MULHER DE VÉU
>   *(com intransigência brincalhona)* — Não. Só depois que acabar.

MÃE
>   — Que meninas!

MULHER DE VÉU
>   — Daqui a cinco minutos — está bem?

MÃE
>   — Então andem.

(Mulher de véu volta-se para junto de Alaíde.)

ALAÍDE

    (advertindo) — Mamãe deve estar estranhando.

MULHER DE VÉU

    — Não faz mal. Deixa! *(noutro tom)* Se você não fosse o monstro que é.

ALAÍDE

    (rápida) — E você presta, talvez?

MULHER DE VÉU

    (patética) — Pelo menos, nunca me casei com os seus namorados! Nunca fiz o que você fez comigo: tirar o único homem que eu amei! *(com a possível dignidade dramática)* O único!

ALAÍDE

    — Não tenho nada com isso! Ele me preferiu a você — pronto!

MULHER DE VÉU

    — Preferiu o quê? Você se aproveitou daquele mês que eu fiquei de cama, andou atrás dele, deu em cima. Uma vergonha!

ALAÍDE

    (sardônica) — Por que você não fez a mesma coisa?

MULHER DE VÉU

    — Eu estava doente!

ALAÍDE

    — Por que então não fez depois? Tenho nada que você não saiba conquistar ou... reconquistar um homem? Que não seja mais mulher — tenho?

MULHER DE VÉU

    (agressiva) — O que me faltou sempre foi seu impudor.

ALAÍDE

    (rápida) — E quem é que tem pudor quando gosta?

MULHER DE VÉU

    (saturada) — Bem, não adianta discutir.

Alaíde
>(agressiva) — Não adianta mesmo!

Mulher de Véu
> — Mas uma coisa só eu quero que você saiba. Você a vida toda me tirou todos os namorados, um por um.

Alaíde
> (irônica) — Mania de perseguição!

Clessi
> (microfone) — Então você tirou os namorados da mulher de véu? *(pausa para uma réplica de Alaíde que ninguém ouve)*

Clessi
> (microfone) — Também você não se lembra de nada! Procure vê-la sem véu. Ela não pode ser uma mulher sem rosto. Tem que haver um rosto debaixo do véu.

(Pausa para outra réplica não ouvida.)

Clessi
> (microfone) — Daqui a pouco você se lembra, Alaíde.

(Trevas. Luz no plano da realidade. Sala de operação.)

1º Médico
> — Pulso?

2º Médico
> — Cento e sessenta.

1º Médico
> (pedindo) — Pinça.

2º Médico
> — Bonito corpo.

1º Médico
> — Cureta.

3º MÉDICO
    — Casada — olha a aliança.

(Rumor de ferros cirúrgicos.)

1º MÉDICO
    — Aqui é amputação.
3º MÉDICO
    — Só milagre.
1º MÉDICO
    — Serrote.

(Rumor de ferros cirúrgicos.)
(A memória de Alaíde em franca desagregação. Imagens do passado e do presente se confundem e se superpõem. As recordações deixaram de ter ordem cronológica. Apaga-se o plano da memória. Luz nas escadas laterais. Dois homens aparecem no alto das escadas, cada um empunhando dois círios; descem, lentamente. A luz os acompanha. Um deles é gordo, ventre considerável, já entrado em anos; usa imensas barbas negras, cartola; o outro é um adolescente, lírico e magro. Ambos de negro, vestidos à maneira de 1905. Colocam os quatro círios; acendem. Depois do que, cumprimentam-se e vão se ajoelhar diante de um cadáver invisível. Fazem o sinal da cruz, com absoluta coincidência de movimentos. Os dois cavalheiros estão no plano da alucinação.)
(Luz no plano da memória. Alaíde e mulher de véu.)

MULHER DE VÉU
    (continuando a frase) — ...mas com Pedro você errou.
    (luz vertical sobre cada grupo)
ALAÍDE
    (levantando-se e atravessando entre os círios com ar de deboche. Luz vertical acompanha) — Vou-me casar com ele daqui a uma hora, minha filha.

MULHER DE VÉU
>— Pois é por isso que eu estou dizendo que você errou. Porque vai casar!

ALAÍDE
(irônica) — Ah! é? Não sabia!

MULHER DE VÉU
— Você roubou meus namorados. Mas eu lhe vou roubar o marido. *(acintosa)* Só isso!

ALAÍDE
(numa cólera reprimida) — Vá esperando!

(Alaíde volta para o espelho e a mulher de véu atrás.)

MULHER DE VÉU
—Você vai ver. *(noutro tom)* Não é propriamente roubar.

ALAÍDE
(irônica) — Então está melhorando.

MULHER DE VÉU
— Você pode morrer, minha filha. Todo mundo não morre?

ALAÍDE
—Você quer dizer talvez que me mata?

MULHER DE VÉU
(mais a sério) — Quem sabe? *(noutro tom)* *(baixo)* Você acha que eu não posso matar você?

(Luz no plano da alucinação, onde já está uma mulher, espartilhada, com vestido à 1905, e faz o sinal da cruz ante o invisível ataúde. A referida senhora, depois de cumprimentar os dois cavalheiros presentes, tira da bolsa um lencinho e chora em silêncio. Luz no plano da memória.)

ALAÍDE
(afirmativa) —Você não teria coragem. Duvido!

MULHER DE VÉU
— Talvez não tenha coragem para matar. Mas para isso tenho!

(Esbofeteia Alaíde. Esta recua, levando a mão à face. Luz sobre Clessi e o namorado. Clessi num récamier.[16] Namorado, uniforme colegial cáqui. O rapaz tem a mesma cara de Pedro. Plano da memória.)

CLESSI

(carinhosa e maternal) — Eu gosto de você porque você é criança! Tão criança!

FULANO

(suplicante) — Vai? Vamos ao piquenique, amanhã?

CLESSI

(negligente) — Onde é?

FULANO

— Paquetá.[17] Todo o mundo vai na barca das dez...

CLESSI

— Não.

FULANO

(suplicante) — Amanhã é domingo!

CLESSI

(sem lhe dar atenção) — Tão branco — 17 anos! As mulheres só deviam amar meninos de 17 anos!

---

[16] *Récamier*: tipo de assento com um ou dois encostos laterais, amplo o suficiente para que o usuário se recostasse e estendesse as pernas. O nome derivou de Madame Récamier (Johanne Bernard Récamier, 1777-1849), senhora francesa ilustrada e famosa pelas recepções que oferecia a intelectuais, artistas e escritores no começo do século XIX. Há pelo menos dois quadros famosos, ambos no Museu do Louvre, em Paris, nos quais aparece recostada numa poltrona desse tipo.

[17] Paquetá: ilha da Baía de Guanabara tornada famosa pelo romance *A moreninha*, de Joaquim Manuel de Macedo (1820-1882). Até hoje nela é proibido o trânsito de automóveis e caminhões, exceto os do serviço público.

FULANO

    (sempre implorando) — Não mude de assunto! Vai? *(zangado)* Não peço mais!

CLESSI

    (com doçura) — Amanhã, não. Tenho um compromisso.

FULANO

    (meigo e suplicante) — E aquilo que eu lhe disse?

CLESSI

    — Não me lembro! O quê?

FULANO

    (meigo e suplicante) — Quer morrer comigo? Fazer um pacto como aqueles dois namorados da Tijuca?[18]

CLESSI

    (sempre terna) — Lindo! Tem os cabelos tão finos!

(Luz sobre Alaíde e a mulher de véu.)

ALAÍDE

    (superior) — Pode dizer o que quiser. *(irritante)* Sou eu que vou casar, não é? Então não faz mal.

MULHER DE VÉU

    — Outra coisa: você está crente de que ele é só seu, não está?

(Silêncio superior de Alaíde.)

MULHER DE VÉU

    — Está mais do que crente, é claro! Pois olhe: sabe quem é esse namorado que eu arranjei? Tantas vezes vim conversar com você sobre ele! Contar cada

---

[18] Tijuca: bairro de classe média da zona norte do Rio de Janeiro. Designa também, e aqui é o caso, a Floresta da Tijuca, enorme parque montanhoso conhecido por seus jardins e recantos que os namorados frequentavam.

passagem, meu Deus! *(com ironia)* Pois olhe: esse namorado era seu noivo. Seu noivo, apenas!

ALAÍDE
(cortante) — Mentira! Não acredito!

MULHER DE VÉU
(superior) — Então é — então é mentira!

ALAÍDE
(afirmativa) — Nunca, nunca que ele lhe daria essa confiança!

MULHER DE VÉU
(irritante) — Mas não é isso que interessa.

ALAÍDE
(agressiva) — Mentirosa!

MULHER DE VÉU
— O que interessa é que você vai morrer. Não sei como, mas vai e eu então... me casarei com o viúvo. Só. Tipo da coisa natural, séria, uma mulher se casar com um viúvo.

(Alaíde senta-se. Mergulha o rosto entre as mãos. Luz no plano da alucinação.)

HOMEM DE BARBA
(num gesto largo e voz grave, redonda oratória) — Está irreconhecível.

MULHER INATUAL
— Também, uma navalhada no rosto!

HOMEM DE BARBA
(descrevendo o golpe) — Pegou tudo isso aqui!

RAPAZ ROMÂNTICO
(lírico) — Foi tão bonita — nem parece!

(A mulher aproxima-se do invisível caixão e faz que levanta um lenço que estaria sobre o rosto de um cadáver invisível. Luz sobre Alaíde e a mulher de véu.)

ALAÍDE
> *(ameaçadora)* — Vou dizer a Pedro o que você me contou!

MULHER DE VÉU
> — Se disser, vai ver o escândalo que eu faço! Experimente!

(Batem na porta.)

MULHER DE VÉU
> — Quem é?

MÃE
> — Sou eu!

MULHER DE VÉU
> — Agora está quase no fim.

MÃE
> — Mas parece brincadeira!

MULHER DE VÉU
> *(cinicamente suplicante)* — Só mais um pouquinho. Depois, nós chamamos. Está bem?

(Luz no plano da alucinação. Outro diálogo, junto ao caixão fantástico, enquanto a mulher de véu volta para junto de Alaíde.)

MULHER INATUAL
> — Que horas são?

HOMEM DE BARBA
> *(consultando o relógio de corrente)* — Três horas da manhã.

RAPAZ ROMÂNTICO
> *(patético)* — Pensei que fosse mais.

HOMEM DE BARBA
> *(tira laboriosamente um vasto lenço do bolso traseiro da calça) (assoa-se estrepitosamente)* — Tudo porque ela não quis ir a um piquenique.

MULHER INATUAL
        — Dizem que tinham combinado morrer juntos. Na hora, ela não quis. Ele então...
HOMEM DE BARBA
        — Me disseram o negócio do piquenique.
MULHER INATUAL
        (filosófica) — Dizem tanta coisa! A gente nunca sabe!

(Luz no plano da memória. A mulher de véu aproxima-se de Alaíde, depois de apanhar a grinalda.)

MULHER DE VÉU
        (fria) — E a grinalda?
ALAÍDE
        (recuando o corpo) — Deixe que eu ponho!
MULHER DE VÉU
        — Eu mesma ponho. Já fiz tudo. Faço mais isso.
ALAÍDE
        (com rancor, olhando-a) — Foi por isso que você pediu a mamãe para me vestir.
MULHER DE VÉU
        (violenta) — Foi.
ALAÍDE
        (chorosa) — E eu, boba, sem desconfiar! Também a mamãe deixou!

(Mulher de véu quer colocar a grinalda.)

ALAÍDE
        (como que fugindo a um contato repelente) — E não me toque!

(Batem na porta.)

MULHER DE VÉU
> *(exasperada)* — Oh! Meu Deus, será possível?

ALAÍDE
> *(sombria)* — Então você deseja minha morte!

PEDRO
> *(da porta)* — Alaíde!

MULHER DE VÉU
> *(noutro tom)* — Pedro!

ALAÍDE
> *(noutro tom)* — Já vai, Pedro. *(para a mulher de véu, ríspida)* Vá abrir.

MULHER DE VÉU
> *(baixo)* — Não diga nada do que eu lhe disse. Senão já sabe!

(As duas olham-se rapidamente. A mulher de véu vai abrir a porta. Alaíde coloca a grinalda.)

PEDRO
> *(jovial)* — D. Lígia está indignada. Me disse que vocês se trancaram aí e não deixam ninguém entrar.

CLESSI
> *(microfone)* — Mas que coisa fizeram com você!

ALAÍDE
> *(natural)* — Bobagem de mamãe!

(A mulher de véu, fechada, permanece a distância.)

PEDRO
> *(curvando-se)* — Um beijinho!

ALAÍDE
> *(ainda olhando para o espelho)* — Você dá ou pede?

PEDRO
> — Peço.

ALAÍDE

    (com dengue)[19] — Assim estraga a minha pintura. E, além disso... *(Alaíde indica a mulher de véu)*

PEDRO

    (cínico) — Ela finge que não vê!

MULHER DE VÉU

    — Até vou-me embora!

ALAÍDE

    (cheia de ironia) — Ela é muito escrupulosa, Pedro! Você não imagina!

CLESSI

    (microfone) — Se fosse comigo, eu desmanchava o casamento!

MULHER DE VÉU

    (com lentidão calculada) — Você se lembra do que eu lhe disse, Alaíde?

PEDRO

    (curioso) — O que foi?

ALAÍDE

    — Nada. Coisa sem importância.

PEDRO

    (perverso, para a mulher de véu) — Você tem namorado?

MULHER DE VÉU

    (fria) — Por quê?

PEDRO

    (cínico) — Por nada. Seu gênio é tão esquisito!

MULHER DE VÉU

    — Tenho. *(com perversidade)* Tive. Ele vai-se casar com outra.

---

[19] Dengue: hoje se usa mais "dengo", embora a forma dicionarizada originalmente fosse "dengue". É possível que isso se deva tanto ao fato de se usar muito a expressão "dengoso" ou "dengosa" e daí ter-se derivado a expressão "dengo" quanto ao de se querer evitar a confusão com a doença comum no Brasil, a dengue.

PEDRO
— Então o homem é um vilão autêntico!
MULHER DE VÉU
— É.
ALAÍDE
(sardônica) — Não faz mal. Ela gosta dele assim mesmo.
MULHER DE VÉU
— E gosto, sim. Ninguém tem nada com isso!
PEDRO
(já para sair) — Deixem d. Lígia entrar, antes que ela chore.
ALAÍDE
(ríspida) — Mamãe é muito boba. Ainda pede licença para entrar no quarto da filha! Fica do lado de fora, implorando!
PEDRO
— Está quase na hora. Temos que andar depressa; depois do nosso, há outro casamento.
ALAÍDE
(queixosa) — Quer dizer que o outro casamento vai aproveitar a nossa ornamentação?
PEDRO
(displicente) — Deixa. Não tem importância.
ALAÍDE
(queixosa) — Ah! Pedro!
PEDRO
— Que foi?
ALAÍDE
(virando-se de costas com dengue) — Me esqueci que faz mal o noivo ver a noiva antes. Não é bom.
PEDRO
(com bom humor) — Isso é criancice! Agora não adianta! Já vi!

ALAÍDE
—Vá, Pedro, vá!

(Imobilizam-se e emudecem Alaíde e a mulher de véu.)

CLESSI
(microfone) — Bem. O resto já sei, Alaíde. *(noutro tom)* O quê?

(Parece ouvir um aparte que ninguém ouve.)

CLESSI
(microfone) — Ah, você tinha pulado outra coisa? Que foi?
MULHER DE VÉU
— Nós somos três cínicos: eu, você e ele. Você ainda é pior, porque quer ser inocente até o fim.
ALAÍDE
(com raiva concentrada) — É melhor eu calar minha boca!
MULHER DE VÉU
— Ele tão natural, perguntando: "Você tem namorado?" Que ideia ele faz de nós, meu Deus!
ALAÍDE
(revoltada) — Eu sei que ideia!
MULHER DE VÉU
(veemente) — De mim, que sou uma pervertida! De você, que é uma idiota! *(sardônica)* Em todo o caso, prefiro mil vezes ser pervertida do que idiota!
ALAÍDE
(indignada) — Você ainda acha preferível! Ainda diz que é!

MULHER DE VÉU
>	*(sardônica)* — Claro, minha filha! Então não é? "Deixem d. Lígia entrar..." Como ele é infame — esse noivo que você arranjou!

ALAÍDE
>	*(irônica)* — Assim mesmo você gosta dele!

MULHER DE VÉU
>	— Gosto. Amo. Mas gosto sabendo o que ele é e por isso mesmo. Mas você... Ah, meu Deus. Aposto que não acredita em nada do que eu contei.

ALAÍDE
>	*(enfurecida)* — E não acredito!

(Trevas para que novos personagens entrem no plano da memória.)

CLESSI
>	*(microfone)* — Ah, então a pessoa que d. Laura beijou na testa — a tal que você não se lembrava quem era — é a mulher de véu? O que foi que as duas disseram naquela hora, Alaíde?

(Luz no plano da memória. A cena do quarto de Alaíde, no ponto em que d. Laura, já vestida de grande gala, está falando a uma pessoa, que é a mulher de véu. Presentes o pai e a mãe de Alaíde, também vestidos para a cerimônia.)

D. LAURA
>	*(para a mulher de véu, que está um pouco retirada)* — Desculpe. Eu não tinha visto você.

MULHER DE VÉU
>	— Não faz mal.

(D. Laura beija-a na testa.)

D. Laura
    (risonha) — Quando é o seu?
Mulher de Véu
    — Tem tempo! *(noutro tom) (com certa amargura)* Nunca!
D. Laura
    (maliciosa) — Qual o quê! Está aí, não acredito! Tão moça, tão cheia de vida!
Pai
    (para Alaíde, que está pronta) — Então, vamos.

(Som da "Marcha nupcial". D. Laura faz um gesto qualquer para a mulher de véu e vai para junto de Alaíde.)

D. Laura
    (solícita) — Cuidado com a cauda! *(apanha a cauda, que entrega a Alaíde)*
Alaíde
    (num último olhar) — Não falta mais nada? *(todos olham, estando situados como no final do primeiro ato)*
Mãe
    (olhando em torno) — Não. Acho que não.
Pai
    (impaciente) — Já é tarde! Vamos descer!

(Ao som da "Marcha nupcial", saem os personagens do casamento. Fica a mulher de véu, numa atitude patética. Luz amortecida. Os dois homens do velório cochicham e afastam-se um pouco para fumar. Acendem o cigarro num dos círios e fumam.)

Clessi
    (microfone) — Então a mulher de véu não foi?
Alaíde
    (idem) — Não.

CLESSI
>	*(idem)* — Por quê?

ALAÍDE
>	*(idem)* — Não quis ir. De maneira nenhuma. Não sei quem me contou depois que, enquanto nós esperávamos no salão a hora de sair, mamãe voltou para buscar a mulher de véu.

(Luz normal no plano da memória. Entra d. Lígia, apressada. A mulher de véu, na mesma posição.)

MÃE
>	—Você ainda está aí? Todo o mundo já desceu!

MULHER DE VÉU
>	— Eu não vou. Eu fico!

MÃE
>	*(surpresa)* — O que é que você tem?

MULHER DE VÉU
>	*(de costas)* — Nada.

MÃE
>	*(desconfiada)* —Vocês duas brigaram?

MULHER DE VÉU
>	*(impaciente)* — Não sei, não sei.

MÃE
>	—Vamos! Não seja assim!

MULHER DE VÉU
>	— Não vou — não adianta. Está perdendo seu tempo.

MÃE
>	*(olhando-a, chocada)* — Mas não vai por quê?

MULHER DE VÉU
>	*(com raiva concentrada)* — Porque não — ora essa! *(noutro tom) (de frente)* Vou lá ao casamento dessa mulher!

MÃE
>   *(sentida)* — Oh! Isso é termo, "mulher"?

MULHER DE VÉU
>   *(sardônica)* — Não tenho outro!

MÃE
>   — Que foi isso, de repente? Vocês, tão amigas!

MULHER DE VÉU
>   *(com amargura)* — Amigas, nós? Oh! Meu Deus! Como se pode ser tão cega! *(noutro tom)* Eu ir a esse casamento, quando eu é que devia ser a noiva!

MÃE
>   *(em pânico)* — Você está doida?

MULHER DE VÉU
>   *(violenta)* — Eu, sim senhora, eu!

MÃE
>   *(suspensa)* — Você gosta de Pedro! *(pausa; as duas se olham)* Então é isso?

MULHER DE VÉU
>   *(sardônica)* — A senhora pensava que fosse o quê?

(Luz no plano da alucinação. A mulher inatual, junto ao esquife, levanta o lenço para ver a fisionomia da morta invisível. Faz uma mímica de piedade. Alaíde e Clessi aparecem no alto de uma das escadas laterais, sentadas num degrau. Penumbra no velório.)

CLESSI
>   — Você parece maluca!

ALAÍDE
>   *(ao lado de Clessi)* — Eu?

CLESSI
>   — Você está fazendo uma confusão! Casamento com enterro!... Moda antiga com moda moderna! Ninguém usa mais aquele chapéu de plumas, nem aquele colarinho!

ALAÍDE

>*(agoniada)* — Tudo está tão embaralhado na minha memória! Misturo coisa que aconteceu e coisa que não aconteceu. Passado com o presente. *(num lamento)* É uma misturada!

CLESSI

>*(impaciente)* — Você fala tanto nessa mulher que morreu! Ela é o quê, afinal?

ALAÍDE

>*(agoniada)* — Pois é, não posso me lembrar. Não consigo! Só me lembro que estavam fazendo quarto a uma senhora com um chapéu de plumas, espartilho, e dois homens com bigodes, pastinha e colarinho alto.[20]

CLESSI

>— Essa moda é antiga. Então isso foi há muito tempo.

ALAÍDE

>*(fazendo um esforço de memória)* — Estou vendo se me lembro de mais alguma coisa...

(O homem de barba fala, agora, sentado no chão com a mulher inatual, em franco idílio.)

HOMEM DE BARBA

>— Clessi nem podia pensar que hoje estaria morta!

CLESSI

>*(no alto da escada, levantando-se e descendo)* — Clessi... *(com espanto e medo)* Clessi!...

---

[20] Pastinha e colarinho alto: pastinha era um tipo de penteado em que os cabelos do homem ficavam lisos e repuxados, praticamente grudados à fronte. Colarinho alto era um colarinho masculino comum no fim do século XIX e começo do XX: era duro, e ao contrário do comum nas camisas de hoje, que é dobrado sobre a camisa, envolvia todo o pescoço, inclusive na frente. Tem uma remota semelhança com o que designamos como gola olímpica.

ALAÍDE

> *(triunfante, levantando-se também e descendo)* — Agora me lembro! De tudo, tudinho! Seu nome! É você — a morta é você!

(Alaíde e Clessi aproximam-se do esquife.)

CLESSI

> *(apontando para o seu próprio cadáver invisível) (com melancolia)* — Você não tinha meio de se lembrar! E eu aqui!

ALAÍDE

> *(excitada)* — É isso mesmo! Eu estava tão confusa! Mas agora sei. Li tudo isso na Biblioteca Nacional. Vi todas as notícias sobre o crime. O repórter descrevia tudo, até as pessoas que fizeram quarto, de madrugada...

CLESSI

> *(com melancolia)* — Teve muita gente no meu enterro?

ALAÍDE

> *(com exaltação)* — Muita! De manhã, começou a chegar gente...

CLESSI

> *(vaidosa)* — Quanto mais ou menos?

(O homem de barba aproxima-se do rapaz romântico.)

HOMEM DE BARBA
> — Só nós aqui?

RAPAZ ROMÂNTICO
> — Mas deixa chegar sete horas! Vai ver como fica isso!

HOMEM DE BARBA
> *(consultando o relógio de corrente)* — Ainda são quatro horas.

(Clessi e Alaíde sentadas junto aos dois círios.)

CLESSI
: *(doce)* — Enterro de anjo é mais bonito do que de gente grande.

ALAÍDE
: — Então mamãe disse à mulher de véu...

CLESSI
: *(repreensiva)* — A gente está falando numa coisa e vem você com outra muito diferente!

(Luz no plano da memória. D. Lígia e a mulher de véu. A mulher de véu arranca o véu.)

MÃE
: — Já disse para você não chamar sua irmã de mulher, Lúcia!

LÚCIA
: *(exaltadíssima)* — Chamo, sim! Mulher, mulher e mulher!

MÃE
: — Vou chamar seu pai! Você não me respeita!

LÚCIA
: *(desafiante)* — Pode chamar! *(noutro tom)* Bater em mim ele não vai!

MÃE
: — Isso é coisa que se faça! Rogar praga para sua irmã!

LÚCIA
: — Então! Depois do que ela me fez!

MÃE
: *(indo sentar-se na banqueta, patética)* — A gente tem filhos...

LÚCIA
: *(interrompendo com violência)* — Eu mandei a senhora me botar no mundo, mandei?

MÃE

>(com lágrimas, explodindo) — E, depois, é isso!

(Entra o pai de Alaíde. D. Lígia levanta-se, rápida. Lúcia assume uma atitude discreta. O pai vem furioso.)

PAI

>(gritando) —Vocês vêm ou não vêm?

MÃE

>—Vou, sim. *(disfarçando)* Estava aqui conversando...

PAI

>(azedo) — Isso é hora de conversar!?...

(Sai d. Lígia.)

PAI

>— E você? Não vem?

LÚCIA

>— Não. Eu fico.

PAI

>(estranhando) — Por quê?

LÚCIA

>— Não estou me sentindo bem. Se for, vou desmaiar na igreja.

PAI

>(furioso) — Está bem.

(Sai. Lúcia senta-se na banqueta. Luz no plano da alucinação.)

ALAÍDE

>(evocativa) —Você foi apunhalada por um colegial.

CLESSI

>(admirada) — Quer dizer que Lúcia e a mulher de véu são a mesma pessoa!

ALAÍDE

>*(sempre evocativa)* — ...um menino de 17 anos matou você. *(abstrata)* Vinte e sete de novembro de 1905. Até a data eu guardei!

CLESSI

>*(doce)* — Irmãs e se odiando tanto! Engraçado — eu acho bonito duas irmãs amando o mesmo homem! Não sei — mas acho!...

ALAÍDE

>—Você acha?

CLESSI

>*(a sério)* — Acho.

(Som de derrapagem. Um grito de mulher. Ambulância. Personagens imóveis.)

ALAÍDE

>— Mais bonito é ser assassinada por um menino. Um colegial! *(noutro tom)* Ele usava uniforme cáqui?

CLESSI

>*(doce e evocativa)* — De dia, sim. De noite, não.

ALAÍDE

>— Eu queria ter amado um menino. O seu tinha 17 anos? *(a outra confirma)* Devia ser muito branco.

CLESSI

>*(inquieta)* — Seria tão bom que cada pessoa morta pudesse ver as próprias feições! Eu fiquei muito feia?

ALAÍDE

>— O repórter disse que não. Disse que você estava linda.

CLESSI

>*(impressionada)* — Disse mesmo? Mas... *(pausa, com o olhar extraviado)* E o talho no rosto? *(abstrata)* Uma punhalada no rosto não é possível! Foi navalhada, não foi? *(noutro tom)* Eu queria tanto me ver morta!

(Aproxima-se dos círios. Hesita. A mulher inatual faz que levanta um invisível lenço a cobrir um invisível rosto.)

CLESSI
        (espantada) — Gente morta como fica!...

(Foge com Alaíde. A mulher inatual comenta com os companheiros de velório.)

MULHER INATUAL
        — Parece sorrir.
HOMEM DE BARBA
        (com um gesto imenso e um tom profundo) — Quem morre descansa.
MULHER INATUAL
        — O senhor é espírita?
HOMEM DE BARBA
        (com um gesto ainda mais amplo) — Respeito todas as religiões.

(Pausa. Os dois ajoelham-se, fazem o sinal da cruz e levantam-se.)

MULHER INATUAL
        (ajeitando qualquer coisa no vestido) — Eu acho que vou-me embora.
HOMEM DE BARBA
        (depois de olhar para o lado e faunesco)[21] — Já?

---

[21] Faunesco: expressão comum no teatro de Nelson Rodrigues, assim como sátiro. Vem de fauno, uma divindade silvestre da mitologia grega que protegia os campos e era símbolo de fertilidade. Em geral os faunos (e os sátiros) eram representados com pés de cabra, pelos grandes e duros no corpo e chifres de bode ou cabrito na cabeça. Os faunos eram adultos, enquanto os sátiros, no mais das vezes, eram representados como crianças ou adolescentes. Ambas as expressões são usadas para designar um homem que age com um ar demoníaco, travesso, com segundas intenções de natureza sexual.

MULHER INATUAL
　　— É tarde.
HOMEM DE BARBA
　　(olhando outra vez para os lados) — Mora longe?
MULHER INATUAL
　　— Assim, assim. Mas o lugar é muito escuro. Fico com receio.
HOMEM DE BARBA
　　(concupiscente) — Posso acompanhá-la.
MULHER INATUAL
　　— Não vale a pena.
HOMEM DE BARBA
　　(com um novo gesto) — Eu ia sair mesmo.
MULHER INATUAL
　　— Ah, então...

(A mulher vai ao invisível caixão e faz o sinal da cruz. Sai com o homem de barba.)

HOMEM DE BARBA
　　(grave, profundo e pausado) — Aliás, eu sou contra mulher andar sozinha tão tarde.

(O moço romântico, indignado, passa pelo invisível cadáver, faz um rápido sinal da cruz e segue adiante. Já ia sair, quando bate na testa, lembrando-se dos círios. Volta e apanha dois círios; o homem de barba faz o mesmo. Trevas. Luz no plano da alucinação. Pedro e Alaíde, de noivos, ajoelhados diante da cruz. Projetor solar vertical. Disco de "Ave-Maria", como de Rosa Poncelle.)

VOZ DE LÚCIA
　　(microfone, em crescendo) — Eu faço escândalo. Se eu disser uma coisa que sei!... Não me desafie, Alaíde! Eu é que devia ser a noiva! Você é um monstro! O único

homem que eu amei! Nunca me casei com os seus namorados! O que eu não tive foi seu impudor!...

("Ave-Maria" atenuada. De repente surge Lúcia, correndo, vestida de noiva.)

LÚCIA
— Pedro!
ALAÍDE
— Você?
PEDRO
— Ah, você, Lúcia! Até que enfim!

(Lúcia abraça-se a Pedro. Falam-se quase boca com boca.)

LÚCIA
Demorei, meu filho, porque custei a encontrar a linha branca.
ALAÍDE
— Onde é que você achou?
LÚCIA
— Na cômoda. Estava na gaveta de baixo.
ALAÍDE
(triunfante) — Eu não disse?! Eu tinha posto lá!
PEDRO
(cínico) — Se você chegasse um pouquinho mais tarde, o casamento teria se realizado!
LÚCIA
(desprendendo-se de Pedro, gritando, com o punho erguido, como na saudação comunista) — Eu é que devia ser a noiva!...
ALAÍDE
(excitadíssima, também com o punho erguido) — Mentirosa! Sua mentirosa! Roubei seu namorado e agora ele é meu! Só meu!

LÚCIA

> *(com o punho erguido)* — Confessou. Até que enfim! Pelo menos, diga, berre: "Roubei o namorado de Lúcia!!!..."

ALAÍDE

> *(perturbada)* — Não digo nada! Não quero!

(Trevas.)

CLESSI

> *(microfone, bem lenta)* — Duas noivas! Interessante — duas noivas! Mas que foi que disse o padre, quando Lúcia apareceu? Renda da Bélgica, você mandou buscar. Quanto custou? Não diga. Deixa ver se eu adivinho? Aposto que foi... mais ou menos...

(Luz no alto de uma das escadas laterais, no plano da realidade. Pedro, com roupa normal, falando com o médico de serviço. Projetor vertical sobre os dois.)

PEDRO

> *(comovido)* — Eu me chamo Pedro Moreira.

MÉDICO

> — Pois não.

PEDRO

> *(comovido)* — Sou o marido dessa senhora que está sendo operada.

MÉDICO

> — Caso de atropelamento, não foi?

PEDRO

> *(com angústia)* — Sim, doutor. Foi atropelada na Glória. Só ainda agora é que eu soube. Telefonaram para o escritório. *(expectante)* O estado dela — qual é, doutor? Muito grave?

MÉDICO
>(reticente) — Bem, o estado dela não é bom.

PEDRO
>(patético) — Não é bom? *(noutro tom)* Mas há esperança?

MÉDICO
>— Sempre há esperança. Está-se fazendo tudo.

PEDRO
>(agoniado) — E ela sofreu muito, doutor?

MÉDICO
>— Não. Nada. Chegou em estado de choque. Nem vai sofrer nada.

PEDRO
>(chocado) — Estado de choque?

MÉDICO
>— Foi. E isso para o acidentado é uma felicidade. Uma grande coisa. A pessoa não sente nada   nada.

(Trevas. Desce o pano rapidamente.)

FIM DO SEGUNDO ATO

Terceiro ato

(Começa o terceiro ato com o teatro em trevas. Clessi e Alaíde ao microfone.)

CLESSI
  (microfone) — Talvez você não tenha assassinado seu marido.

ALAÍDE
  (microfone) — Mas eu me lembro! Foi com um ferro — bati na base do crânio! Aqui.

CLESSI
  (microfone) — Às vezes, pode ter sido sonho!

ALAÍDE
  (microfone, com um acento doloroso) — Sonho — será? Estou com a cabeça tão virada! Pode ser que tudo tenha ficado só na vontade!

CLESSI
  (microfone) — Então aconteceu o quê, na igreja?

(Luz no plano da memória. Estão Clessi e o seu namorado vestidos à maneira de 1905.)

ALAÍDE
  (microfone) — Estou sempre com a ideia de que seu namorado tinha a cara de Pedro!

(Clessi e Pedro sentados, num récamier.)

CLESSI
  (com o mesmo vestido, mas sem chapéu) — Quer ver meus coelhinhos no quintal?

NAMORADO
  (frio) — Não.

CLESSI

    (meiga) — Tem uns tão bonitos! *(levantam-se os dois. Ele olha-a, depois senta-se de costas para ela. Clessi anda e volta)*

CLESSI

    (com impaciência e dengue) — Ih! Você é criança demais!

NAMORADO

    — É o que você pensa!

CLESSI

    (sentando-se, lânguida) — Então não é?

NAMORADO

    (com raiva concentrada) — Você acha que eu sou?

CLESSI

    (com languidez) — Aceitou dinheiro de mim! *(provocadora)* Não queria, mas aceitou!

NAMORADO

    (atônito) — Mas foi você que botou no meu bolso! Insistiu!

CLESSI

    — Estou brincando, bobo! Aquilo não tem nada de mais!

NAMORADO

    (levantando-se) — Você brinca assim comigo e um dia...

CLESSI

    (brincando) — Você me bate!

NAMORADO

    (sério) — Clessi...

CLESSI

    — Senta aqui!

NAMORADO

    (sentando-se) (baixo) — Sabe o que é que a gente podia fazer?

CLESSI
            (acariciando-o nos cabelos) — O quê?
NAMORADO
            — Adivinhe.
CLESSI
            — Diga.
NAMORADO
            (baixo) — Morrer juntos. *(face a face, os dois)* Vamos?
CLESSI
            (sonhadora) — Você se parece tanto com o meu filho que morreu! Ele tinha 14 anos, mas tão desenvolvido!
NAMORADO
            (súplice) — Quer?
CLESSI
            (meiga) — Olhe assim. *(pausa, contemplação)* Os olhos dele! Direitinho!

(Trevas. Disco de derrapagem, grito, ambulância. Luz no plano da alucinação. Pedro, Alaíde e Lúcia de noivas. Cruz.)

LÚCIA
            (furiosa, punho erguido) — Diga bem alto, para todo o mundo ouvir: "Roubei o namorado de Lúcia."
ALAÍDE
            — Digo, sim!
LÚCIA
            — Diga, quero ver!
ALAÍDE
            (em alto e bom som) — Roubei o namorado de Lúcia!
LÚCIA
            (excitada) — Viu, Pedro? Ela disse! Não teve vergonha de dizer!
ALAÍDE
            (agressiva) — Digo quantas vezes quiser!

PEDRO

    (cínico) — Briguem à vontade! Não faz mal!

ALAÍDE

    (repreensiva) — Você não devia dizer isso, Pedro. É cinismo.

LÚCIA

    (sardônica) — Mas oh! Só agora você soube que ele era cínico! Me admira muito!

ALAÍDE

    (dolorosa) — Sempre soube.

LÚCIA

    (com desprezo) — Então por que tirou Pedro de mim?

ALAÍDE

    — Você sempre com esse negócio de tirou — tirou! *(num transporte)* É tão bom tirar o namorado das outras. *(irônica)* Então de uma irmã...

LÚCIA

    (vangloriando-se) — Você continua pensando que ele é só seu?

ALAÍDE

    — Penso, não. É.

LÚCIA

    — Já lhe disse que é de nós duas, minha filha! Não quer acreditar — melhor!

PEDRO

    (para Lúcia) — Você não devia dizer isso! Alaíde não precisava saber!

ALAÍDE

    (patética) — Mas agora sei. Chegou tarde a recomendação.

(Entra a mãe das duas. Vem-se abanando.)

ALAÍDE

    (excitada) — Foi bom a senhora ter chegado, mamãe!

D. LÍGIA

    (sempre de leque) — Brigando outra vez!

LÚCIA

    (acusadora) — É ela, mamãe!

ALAÍDE

    (indignada) — Eu? Ainda tem coragem!... Mamãe, eles estão desejando a minha morte!

D. LÍGIA

    — Tire isso da cabeça, minha filha. Você não vê logo!

ALAÍDE

    (patética) — Quando eu morrer, eles vão-se casar, mamãe! Tenho certeza!

PEDRO

    — Você parece doida, Alaíde!

ALAÍDE

    (para Lúcia) — Diga agora o que você disse de mamãe!

LÚCIA

    (virando-lhe as costas) — Quer-me intrigar com mamãe! *(para Alaíde)* Não adianta!

D. LÍGIA

    (abanando-se) — Vamos acabar com isso! É feio!

ALAÍDE

    (com escárnio) — Ela está com medo! *(para Lúcia)* Não quer dizer?

LÚCIA

    (resoluta) — Digo, sim. É muito simples. Eu disse...

ALAÍDE

    (irônica) — Perdeu a coragem?

PEDRO

    (olhando em torno) — Não tem cadeira. Então vou-me ajoelhar. Ajoelhar também descansa.

(Ajoelha-se diante da cruz.)

D. Lígia

>   *(repreensiva)* — Você precisa respeitar mais a religião, Pedro!

(E vai-se sentar, ao lado de Pedro, de costas para a cruz.)

Alaíde

>   *(para Lúcia)* — Diz ou não diz?

Lúcia

>   *(com certa relutância)* — O que eu disse, mamãe, é que a senhora... transpira muito. Demais! Pronto! *(para Alaíde)* Viu como eu disse?

D. Lígia

>   *(abanando-se com mais força)* — Mas, minha filha! Você teve coragem... Oh! Lúcia!

Alaíde

>   *(na sua cólera)* — Mas não foi só isso!

(Escurecimento total. Voz de Clessi ao microfone.)

Clessi

>   — Por que você parou no meu caso, Alaíde?

(Réplica que ninguém ouve.)

Clessi

>   *(impaciente)* — Já sei! Depois você conta isso! Mas primeiro minha conversa com ele! Era tão parecido com o meu filho, mas tão! E os olhos, Alaíde! Aquele jeito de sorrir! Que é que trazia mais o jornal?

(Luz no plano da alucinação.)

ALAÍDE

    (cruel) — E aquela história, "aquilo" que você disse?

D. LÍGIA

    (levantando um dos braços e abanando na altura das axilas) — Chega, Alaíde! Chega! Uma filha, meu Deus!

LÚCIA

    — Aquilo o quê?

PEDRO

    (ajoelhado) — Deixe ela dizer, d. Lígia. Está tão interessante!

ALAÍDE

    (agressiva) — Não se lembra?

LÚCIA

    (resoluta) — Agora me lembro! Eu também falei, mamãe, que quando a senhora começa a transpirar — a senhora é minha mãe — mas eu não posso! Não está em mim. Tenho que sair de perto!

(Ao mesmo tempo que fala, aproxima-se de d. Lígia e senta-se ao seu lado.)

ALAÍDE

    (triunfante) — Isso mesmo! Viu, mamãe?

(Alaíde também vem se sentar, ficando ao lado de Pedro.)
(Trevas. Luz sobre namorado e Clessi.)

CLESSI

    (insistente) — Aceite. Não tem nada de mais isso! Tão natural!

NAMORADO

    (relutante) — Não. Eu sei como você é!

CLESSI

    — Mas seu pai não tirou a mesada por minha causa? Então? *(noutro tom)* Assim eu fico zangada!

NAMORADO

    (relutante) — Para depois você dizer: "Aceitou dinheiro meu." Pensa que me esqueço?

CLESSI

    — Aquilo foi brincadeira! Pensou que eu estivesse falando sério?

NAMORADO

    (vencido) — Então depois eu devolvo. Só assim.

CLESSI

    — Está bom. Que menino! *(noutro tom)* Agora vá, meu filho!

NAMORADO

    (amargo) — Não precisa me enxotar! Eu vou.

CLESSI

    (conciliatória) — Você sabe por quê! Daqui a pouco o desembargador chega!

NAMORADO

    (enciumado) — Viu?

CLESSI

    — O quê?

NAMORADO

    (amargo) — Eu não tenho nem coragem de reclamar, depois que aceitei coisas de você.

CLESSI

    (explicando) — Você sabe que ele é um velho amigo!

NAMORADO

    (animado) — Só isso? Jura!

CLESSI

    (categórica) — Então! Me conheceu menina!

NAMORADO

    (num repente sinistro) — Eu acabo matando você por causa desse desembargador! Você vai ver!

(Entra a mãe do namorado, vestida à maneira de 1905.)

NAMORADO
> *(em pânico)* — Mamãe!

(Clessi levanta-se.)

MÃE
> *(com raiva concentrada)* — Eu bem sabia! Tinha a certeza que você estava aqui!

NAMORADO
> — A senhora vai fazer o quê?

MÃE
> *(autoritária)* — Vá para casa, Alfredo!

CLESSI
> *(doce)* — Vá. Sua mãe está mandando! *(o namorado sai, depois de tomar a bênção materna)*

MÃE
> *(num largo gesto, visivelmente caricatural, trêmulo na voz)* — A senhora é que é madame Clessi?

CLESSI
> *(humilde)* — Sou. A senhora não quer sentar-se?

MÃE
> *(em tom de dramalhão)* — Não. Estou bem assim. *(exageradíssima)* Sou a mãe de Alfredo Germont.[22]

CLESSI
> *(humilde)* — Eu sei.

---

[22] Alfredo Germont: referência ao jovem personagem Alfredo Germont, da ópera "La traviata", do compositor italiano Giuseppe Verdi (1813-1901), que se apaixona por uma cortesã, termo usado para designar uma prostituta fina em meados do século XIX. O enredo da ópera é baseado na peça *A dama das camélias*, do escritor francês Alexandre Dumas Filho (1824-1895), na qual o personagem se chama Armand Duval. A passagem evocada se refere à cena em que o pai de Germont vem pedir à cortesã, Marguerite Gautier, que se afaste de seu filho para preservar o nome da família.

MÃE

    (com tremura na voz) — Então a senhora não tem consciência?

CLESSI

    (chocada, mas doce) — Eu?

MÃE

    (cada vez mais patética) — A senhora, sim. Então isso se faz? Com uma criança?

CLESSI

    (suave e dolorosa) — Mas que culpa tenho eu?

MÃE

    — Que culpa! *(noutro tom)* Um menino, uma verdadeira criança, chegando em casa às duas, três, quatro horas da manhã! A senhora não vê?

(Trevas. Voz de Alaíde.)

ALAÍDE

    (microfone) — Mas eu estou confundindo tudo outra vez, minha Nossa Senhora! Alfredo Germont é de uma ópera! *Traviata*. Foi *Traviata*! O pai do rapaz veio pedir satisfações à mocinha. Como ando com a cabeça, Clessi!

(Luz no plano da memória. Clessi e mãe do namorado. Tom diferente de representação, mas ainda caricatural.)

CLESSI

    (choramingando) — O olhar daquele homem despe a gente!

MÃE

>(*com absoluta falta de compostura*) — Você exagera, Scarlett![23]

CLESSI

— Rett é indigno de entrar numa casa de família!

MÃE

>(*cruzando as pernas; incrível falta de modos*) — Em compensação, Ashley é espiritual demais. Demais! Assim também não gosto.

CLESSI

>(*chorando, despeitada*) — Ashley pediu a mão de Melânie! Vai-se casar com Melânie!

MÃE

>(*saliente*) — Se eu fosse você, preferia Rett. (*noutro tom*) Cem vezes melhor que o outro!

CLESSI

>(*chorosa*) — Eu não acho!

MÃE

>(*sensual e descritiva*) — Mas é, minha filha! Você viu como ele é forte? Assim! Forte mesmo!

(*Trevas.*)

ALAÍDE

>(*microfone*) — Você está vendo, Clessi? Outra vez. Penso que estou contando o seu caso, contando o que li nos jornais daquele tempo sobre o crime, e quando acaba, misturo tudo! Misturo *Traviata*, ...*E o vento levou*, com o seu assassínio! Incrível. (*pausa*) Não é?

---

[23] Scarlett: referência à personagem Scarlett O'Hara, do célebre filme ...*E o vento levou* e a outros personagens. Rett, vivido no filme pelo galã Clark Gable, é um personagem vulgar e aventureiro, mas atraente. Já Ashley é um fazendeiro aristocrático do sul dos Estados Unidos, que preza a honra acima de tudo.

(Luz no plano da memória. Clessi e mãe do namorado já em atitude normal.)

MÃE

(ameaçadora) — É a última vez que eu pergunto. Desiste ou não desiste?

CLESSI

(com doçura) — Peça tudo, tudo, menos isso. Isso, não.

MÃE

(agressiva) — Então vou entregar o caso à polícia. Aí quero ver.

CLESSI

(sonhadora) — Tenho chorado tanto! *(noutro tom)* Nunca tive um amor. É a primeira vez. A senhora, se já amou, compreenderá.

MÃE

(perdendo a cabeça) — Indigna!

CLESSI

(com a mesma doçura) — Eu sei que sou. Sei. *(rindo e chorando)* Se a senhora visse como ele se zanga quando eu falo no desembargador!

MÃE

(tapando o rosto com a mão) — Meu filho metido com uma mulher desmoralizada! Conhecida!

CLESSI

(no mesmo tom de abstração, senta-se) — Então quando eu boto dinheiro no bolso dele!

MÃE

— Mentirosa!

CLESSI

(sempre doce) — Ele, tão cheio de dedos para aceitar!

MÃE

—Vou falar com meu marido! *(ameaçadora)* Ah! se isso for verdade!

(Vai saindo, mas Clessi muda de atitude e grita violentamente.)

CLESSI
— Olha!

(Mãe para, atônita.)

CLESSI
—Você, sim!

(Aproxima-se, agressiva, da mãe, que recua, em pânico.)

CLESSI
— Se vier outra vez à minha casa, corro com você daqui!

MÃE
(as duas, face a face) (acovardando-se) — Mas que é isso?

CLESSI
(violenta) — Eu não sou direita, mas digo. Não escondo. Está ouvindo? Saia, já!

(Sai a mãe alarmada. Trevas. Luz no plano da realidade. Redação e sala de imprensa.)

1º FULANO
(berrando) — *Diário!*

2º FULANO
(berrando) — Me chama o Osvaldo?

1º FULANO
— Sou eu.

2º FULANO
— É Pimenta. Toma nota.

1º FULANO
— Manda.

2º FULANO

— Alaíde Moreira, branca, casada, 25 anos. Residência, rua Copacabana. Olha...

1º FULANO

— Que é?

2º FULANO

— Essa zinha é importante. Gente rica. Mulher daquele camarada, um que é industrial, Pedro Moreira.

1º FULANO

— Sei, me lembro. Continua.

2º FULANO

— Afundamento dos ossos da face. Fratura exposta do braço direito. Escoriações generalizadas. Estado gravíssimo.

1º FULANO

— ...generalizadas. Estado gravíssimo.

2º FULANO

— O chofer fugiu. Não tomaram o número. Ainda está na mesa de operação.

(Trevas. Luz no plano da alucinação. Estão Alaíde e Clessi imóveis. Rumor de derrapagem. Grito de mulher. Ambulância.)

CLESSI

— O que é que ela disse mais no jornal?

ALAÍDE

— Disse que você tinha dito: "Saia, já." Que ela teve medo de ser assassinada!

CLESSI

— No dinheiro que eu dava não tocou?

ALAÍDE

— Quem falou ao repórter no dinheiro foi a criada!

CLESSI

(sardônica) — Imagine!

ALAÍDE

    (nervosa) — Ele vem aí, Clessi! Pedro!

CLESSI

    — Mas você não tinha assassinado ele?

ALAÍDE

    — Pensei que tivesse. Mas deve ter sido sonho! Olha ele!

(Entra Pedro, de luto. Alaíde vai ao seu encontro, sorrindo.)

ALAÍDE

    — Dá licença, Clessi? *(para Pedro, de luto)* Então, meu filho? *(beijam-se)*

PEDRO

    (admirado, confidencial) — Quem é ela?

ALAÍDE

    (como quem se escusa) — Ah! É mesmo! Me esqueci de apresentar! Clessi, madame Clessi! Aqui, meu marido!

PEDRO

    (amável) — A senhora é uma que foi assassinada?

CLESSI

    — Pois não.

ALAÍDE

    — Foi, sim. Em 1905. Aquela que eu lhe contei, Pedro.

PEDRO

    — Eu me lembro perfeitamente. O namorado era um colegial, não é? Deu uma punhalada?

CLESSI

    (sonhadora) — De dia, usava uniforme cáqui. De noite, não.

ALAÍDE

    — Agora quer dar licença, Clessi?

CLESSI

    — Claro.

ALAÍDE
— Preciso falar com Pedro uma coisa. Depois chamo você.

PEDRO
(para Clessi, que sai, cínico) — Apareça!

(Clessi, antes de sair, ainda se vira para ele e cumprimenta.)

PEDRO
(com súbita irritação) — Que negócio é esse de você andar falando com madame Clessi?

ALAÍDE
(atarantada) — Que é que tem de mais, meu filho?

PEDRO
(com veemência) — Ela não é direita! Não quero essas relações!

ALAÍDE
(exaltando-se) — Ela não é direita! E você é "direito" — é? Você pensa que eu não sei de nada? Pensa mesmo?

PEDRO
(espantado) — Não sabe o quê?

ALAÍDE
(excitada) — Que você e Lúcia... *(ameaçadora)* Sim, você e Lúcia! Andam desejando a minha morte!

PEDRO
(virando-lhe as costas) — Você está doida.

ALAÍDE
— Doida, eu! Você sabe que não! Então eu não vejo?

PEDRO
(volta a ficar de frente) — O que é que você vê?

ALAÍDE

— Vocês cochichando! Eu apareço *(sardônica)* vocês arranjam logo um assunto diferente, muito diferente, ficam tão naturais.

PEDRO

(irônico) — Você tem imaginação, minha filha!

ALAÍDE

— Dia e noite, desejando que eu morra! Eu sei para que é! Para se casarem depois da minha morte!

PEDRO

(num tom especial) — Então você acha?... Sério?...

ALAÍDE

(numa excitação progressiva) — Já planejaram tudo! Todo o crime! Assassinato sem deixar vestígios!

PEDRO

(sardônico) — Autêntico crime perfeito!

CLESSI

(microfone) — Que dois! Planejando um crime!

ALAÍDE

(sempre excitada) — Ainda por cima se faz de inocente! Mas eu pego vocês dois — direitinho! Deixa estar!

(Lúcia entra, como uma aparição. Vem de luto fechado.)

LÚCIA

— Ah! Vocês estão aí?

ALAÍDE

(triunfante) — Pronto! Chegou a cúmplice! Vocês estão tão certos da minha morte que até já botaram luto!

LÚCIA

(inocente) — O que é que há?

PEDRO

(apontando para a testa) — É Alaíde que não está regulando bem!

ALAÍDE

    (fremente, para Lúcia) — Venha repetir para meu marido aquilo que você disse, "aquilo"! No dia do meu casamento!

LÚCIA

    — Sei lá de que é que você está falando?

CLESSI

    (microfone) — Irmã assim é melhor não ter!

ALAÍDE

    — Sabe, sim. Sabe! Aquela insinuação que você fez... Que eu podia morrer!

LÚCIA

    (virando-lhe as costas) — Você está sonhando, minha filha. Disse coisa nenhuma!

ALAÍDE

    — Covarde! Agora está com medo! Mas disse — disse a mim!

PEDRO

    — Mas se ela nega, Alaíde!

LÚCIA

    (noutra atitude) — Pois disse! Pronto! Disse! E agora?

ALAÍDE

    (patética) — Então me mate! Por que não me matam? Estamos sozinhos! Depois vocês escondem o meu corpo debaixo de qualquer coisa! *(e, à medida que ela fala, os três se aproximam, juntam as cabeças)*

(As cabeças baixam, seguindo o ritmo das palavras.)

PEDRO

    (sinistro) — Agora, não! Tem tempo!

(Quando ele acaba, tem-se a impressão plástica de um bouquet *de cabeças. Trevas. Luz no plano da realidade: rumor de ferros cirúrgicos.)*

1º MÉDICO
   — Pulso?
2º MÉDICO
   — Incontável... Não reage mais!
1º MÉDICO
   — Colapso!
3º MÉDICO
   — Pronto!

(Um dos médicos está cobrindo o rosto de uma mulher. Saem os médicos lentamente, um deles tirando a máscara. "Marcha fúnebre." Trevas. Luz no plano da alucinação. Alaíde e Clessi de costas para a plateia. Alaíde com um bouquet, no qual está dissimulado o microfone. Luz no plano da realidade: botequim e redação.)

PIMENTA
   (berrando) — Morreu a fulana.
REPÓRTER
   (berrando e tomando nota) — Qual?
PIMENTA
   — A atropelada da Glória.
REPÓRTER
   — Que mais?
PIMENTA
   — Chegou aqui em estado de choque. Morreu sem recobrar os sentidos; não sofreu nada.
REPÓRTER
   — Isso é o que você não sabe!
PIMENTA
   — A irmã chora tanto!
REPÓRTER
   — Irmã é natural!
PIMENTA
   — Um chuchu!

REPÓRTER
— Quem?
PIMENTA
— A irmã.

(Trevas. Luz no plano da realidade: Lúcia e Pedro. Lúcia chorando. Coroas. Luz também no plano irreal.)

ALAÍDE
— Quem terá morrido ali, naquela casa?
CLESSI
— Olha! Uma fortuna em flores!
ALAÍDE
— Enterro de gente rica é assim.
CLESSI
— O meu também teve muita gente, não teve?
ALAÍDE
— Pelo menos, o jornal disse.

(No plano da realidade.)

PEDRO
(em voz baixa) — Lúcia!
LÚCIA
(tomando um choque, levantando-se) — Que é? Que horas são?
PEDRO
— Três horas.
LÚCIA
— Fique longe de mim! Não se aproxime!
PEDRO
— Mas que é isso?

LÚCIA

    (com ódio concentrado) — Nunca mais! Nunca mais quero nada com você! Juro!

PEDRO

    —Você enlouqueceu? O que é que eu fiz?

LÚCIA

    (obstinada) — Jurei diante do corpo de Alaíde!

PEDRO

    (chocado) —Você fez isso?

LÚCIA

    (com decisão) — Fiz. Fiz, sim. Quer que eu vá na sala e jure outra vez? *(mergulha a cabeça entre as mãos)* Ontem, antes dela sair para morrer, tivemos uma discussão horrível!

PEDRO

    (baixo) — Ela sabia?

LÚCIA

    (patética) — Sabia. Adivinhou o nosso pensamento. E eu disse.

PEDRO

    — Mas comigo nunca tocou no assunto.

LÚCIA

    — Discutimos quantas vezes! Ameacei-a de escândalo. Mas ontem, foi horrível — horrível! Sabe o que ela me disse? "Nem que eu morra, deixarei você em paz!"

(Lúcia fala com a cabeça entre as mãos. Alaíde responde através do microfone escondido no bouquet. *Luz cai em penumbra, durante todo o diálogo evocativo.)*

ALAÍDE

    (com voz lenta e sem brilho) — Nem que eu morra, deixarei você em paz!

LÚCIA

 (falando surdamente) — Pensa que eu tenho medo de alma do outro mundo?

ALAÍDE

 (microfone) — Não brinque, Lúcia! Se eu morrer — não sei se existe vida depois da morte, mas se existir — você vai ver!

LÚCIA

 (sardônica) — Ver o quê, minha filha?

ALAÍDE

 (microfone) — Você não terá um minuto de paz, se casar com Pedro! Eu não deixo — você verá!

LÚCIA

 (irônica) — Está tão certa assim de morrer?

ALAÍDE

 (microfone) — Não sei! Você e Pedro são capazes de tudo! Eu posso acordar morta e todo o mundo pensar que foi suicídio.

LÚCIA

 — Quem sabe? *(noutro tom)* Eu mandei você tirar Pedro de mim?

ALAÍDE

 (microfone) — Mas que foi que eu fiz, meu Deus?

LÚCIA

 (sardônica) — Nada!

ALAÍDE

 (microfone) — Fiz o que muitas fazem. Tirar um namorado! Quer dizer, uma vaidade... *(com veemência)* Você, não! Você e Pedro querem-me matar. Isso, sim, é que é crime, não o que eu fiz!

LÚCIA

 (irritante) — Mas conquistou Pedro tão mal que ele anda atrás de mim o dia todo!

ALAÍDE

    (microfone) — Sabe para onde eu vou agora?

LÚCIA

    — Não me interessa!

ALAÍDE

    — E nem digo — minha filha! Vou ter uma aventura! Pecado. Sabe o que é isso? Vou visitar um lugar e que lugar! Maravilhoso! Já fui lá uma vez!

LÚCIA

    (sardônica) — Imagino!

ALAÍDE

    (com provocação) — Na última vez que fui, tinha duas mulheres dançando. Mulheres com vestidos longos, de cetim amarelo e cor-de-rosa. Uma vitrola. Olha: querendo, pode dizer a Pedro. Não me incomodo. Até é bom!

LÚCIA

    (sardônica) — Mentirosa!

ALAÍDE

    (microfone) — Ah! Sou?

LÚCIA

    (afirmativa, elevando a voz) — É! Não foi lá, nunca! Nunca! Tudo isso que você está contando — as duas mulheres, os vestidos de cetim, a vitrola — você leu num livro que está lá em cima! Quer que eu vá buscar? Quer?

ALAÍDE

    (microfone) — Está bem, Lúcia. Não fui, menti. *(dolorosa)*

LÚCIA

    (cruel) — Você podia ir e ficar por lá!

ALAÍDE

    (microfone) — Ouça bem. Eu posso morrer cem vezes, mas você não se casará com Pedro.

(Luz volta a ser normal.)

LÚCIA

    (impressionadíssima, agora para Pedro) — Agora, quando penso em Alaíde, só consigo vê-la de noiva.

PEDRO

    (taciturno) — Foi isso que ela disse, só?

LÚCIA

    (sombria) — Só. Previa que ia morrer!

PEDRO

    (com certa ironia) — Isso também nós prevíamos.

LÚCIA

    —Você diz "nós"!

PEDRO

    (afirmativo) — Digo, porque você também previa. *(pausa)* Previa e desejava. Apenas não pensamos no atropelamento. Só.

LÚCIA

    (com desespero) — Foi você quem botou isso na minha cabeça — que ela devia morrer!

PEDRO

    (com cinismo cruel) — Então não devia?

LÚCIA

    (desesperada) —Você é um miserável! Nem ao menos espera que o corpo saia! Com o corpo, ali, a dois passos. *(aponta para a direção do que deve ser a sala contígua)* Você dizendo isso!

PEDRO

    (insinuando) — Quem é o culpado?

LÚCIA

    (espantada) — Eu, talvez!

PEDRO

    (enérgico) —Você, sim!

LÚCIA

    (espantada) — Tem coragem...

PEDRO

    — Tenho. *(com veemência)* Quem foi que disse: "Você só toca em mim, casando!" Quem foi?

LÚCIA

    — Fui eu, mas isso não quer dizer nada!

PEDRO

    (categórico) — Quer dizer tudo! Tudo! Foi você quem me deu a ideia do "crime"! Você!

LÚCIA

    (com medo) — Você é tão ruim, tão cínico, que me acusa!

PEDRO

    (com veemência, mas baixo) — Ou você ou ela tinha que desaparecer. Preferi que fosse ela.

LÚCIA

    (com angústia) — Essa conversa quase diante do caixão!

PEDRO

    (sempre baixo) — Não estudamos o "crime" em todos os detalhes? Você nunca protestou! Você é minha cúmplice.

LÚCIA

    (alheando-se, espantada) — Mandaram tantas flores!

PEDRO

    (insistente) — Agora você se acovarda porque o corpo ainda está aqui!

LÚCIA

    (meio alucinada) — Você se lembra do que ela dizia? Daquela vaidade?

VOZ DE ALAÍDE

    (microfone) — Eu sou muito mais mulher do que você — sempre fui!

LÚCIA

(noutra atitude) — Foi você quem perdeu minha alma!

PEDRO

(rápido) — E você a minha!

LÚCIA

(sardônica) — Você nunca prestou! Foi sempre isso! Não me olhe, que não adianta!

PEDRO

— Está bem. Depois eu falo com você.

LÚCIA

— É inútil. Não serei de você, nem de ninguém. Você nunca me tocará, Pedro.

PEDRO

—Você diz isso agora!

LÚCIA

Jurei que nem um médico veria o meu corpo.

PEDRO

(cruel) — Então ela ficou impressionadíssima com as mulheres vestidas de amarelo e cor-de-rosa. Uma vitrola! Duas fulanas dançando!

LÚCIA

(chorosa) — Não fale assim! Ela está ali. Morreu.

PEDRO

(sardônico) — Era louca por toda mulher que não prestava. Vivia me falando em Clessi. Uma desequilibrada!

LÚCIA

(revoltada) —Você deve estar bêbedo para falar assim!

PEDRO

(sério) — Ou louco... *(grave)* Não tenho o menor medo da loucura.

(Trevas.)

SPEAKER[24]
> — Pedro Moreira, Gastão dos Passos Costa, senhora e filha, Cármen dos Passos, Eduardo Silva e senhora (ausentes), Otávio Guimarães e senhora agradecem, sensibilizados, a todos que compareceram ao sepultamento de sua inesquecível esposa, filha, irmã, sobrinha e cunhada Alaíde e convidam parentes e amigos para a missa de sétimo dia, a realizar-se sábado, 17 do corrente, na Igreja da Candelária, às 11 horas.

(Luz no plano da realidade: Lúcia e mãe.)

LÚCIA
> *(como uma louca)* — Você viu o que saiu no jornal? "Alaíde Moreira, branca, casada..." *(sardônica)* Branca!... *(surdamente)* "...fratura exposta do braço direito. Afundamento dos ossos da face..."

MÃE
> *(assustada)* — Não fique assim, Lúcia!

LÚCIA
> *(continuando sem dar atenção)* — "...escoriações generalizadas..." "Não resistindo aos padecimentos..." *(com voz surda)* Sei isso de cor, mamãe! De cor!

MÃE
> — Minha filha!

LÚCIA
> *(espantada)* — Está ouvindo, mamãe? Ela outra vez! Ela voltou — não disse?

MÃE
> — Não é nada, minha filha. Ilusão sua.

---

[24] *Speaker*: locutor. Como em outros casos, na época ainda se preferiam o termo e a grafia estrangeiros, no caso, de origem inglesa.

LÚCIA

    (atônita) — Mas eu ouço a voz dela. Direitinho! Falando!

MÃE

    — Você parece criança, minha filha!

LÚCIA

    (com ar estranho) — Não foi nada. Bobagem.

ALAÍDE

    (microfone) — "Você sempre desejou a minha morte. Sempre — sempre."

MÃE

    — Quando você for para a fazenda, tudo isso passa. Lá o clima é uma maravilha!

(Trevas. Só microfone.)

PAI

    (microfone) — Que é que há com Lúcia e Pedro?

MÃE

    (microfone) — Que eu saiba, nada. Por quê?

PAI

    (microfone) — Você não viu ontem?

MÃE

    (microfone) — Aquilo?

PAI

    (microfone) — É. Foi esquisito.

MÃE

    (microfone) — Talvez tenha sido sem querer.

PAI

    (microfone) — Sem querer coisa nenhuma.

MÃE

    (microfone) — Lúcia anda tão nervosa! Mas eu falo com ela.

PAI

    (microfone) — Não se meta.

MÃE

    (microfone) — Ela ontem me disse uma coisa! Enfim...

(Luz no plano da realidade: pai e mãe de Lúcia, esta e d. Laura. Lúcia chega de viagem.)

LÚCIA

    — Mãe! Quantas saudades!

PAI

    — Eu não mereço.

LÚCIA

    — Papai!

MÃE

    — Está tão mais gorda, corada — não é, Gastão?

PAI

    — Muito mais.

D. LAURA

    — Depois, quando a gente tira o luto, é outra coisa!

LÚCIA

    — Ah, d. Laura! Nem tinha visto a senhora!

(Saem d. Laura e mãe de Lúcia.)

PAI

    (confidencial) — Já resolveu?

LÚCIA

    — O que é que o senhor acha, papai?

PAI

    — Isso é com você, minha filha; você é quem tem que decidir.

(Trevas. Luz sobre Alaíde e Clessi, poéticos fantasmas. Iluminam-se as duas divisões extremas do plano da realidade. À direita do público, sepultura de Alaíde. À esquerda, Lúcia, vestida de noiva, prepara-se no espelho. Arranjo da "Marcha nupcial" e da "Marcha fúnebre".)

LÚCIA
— Aperta bem, mamãe.
D. LÍGIA
— Está muito folgado aqui!
LÚCIA
— Será que Pedro já chegou?
MÃE
— D. Laura aparece, quando ele chegar.
LÚCIA
(retocando qualquer coisa ao espelho) — Eu só quero que ele me veja lá na igreja.

(Entra d. Laura.)

D. LAURA
— Pode-se ver a noiva?
LÚCIA
— Ah! D. Laura!

(Beijam-se.)

D. LAURA
(para a mãe) — A senhora deve estar muito atrapalhada!
MÃE
— Nem faz ideia!
LÚCIA
(com dengue) — Estou muito feia, d. Laura?
D. LAURA
— Linda! Um amor!

LÚCIA

    (estendendo os braços) — O *bouquet.*

(Crescendo da música, funeral e festiva. Quando Lúcia pede o bouquet, *Alaíde, como um fantasma, avança em direção da irmã, por uma das escadas laterais, numa atitude de quem vai entregar o bouquet. Clessi sobe a outra escada. Uma luz vertical acompanha Alaíde e Clessi. Todos imóveis em pleno gesto. Apaga-se, então, toda a cena, só ficando iluminado, sob uma luz lunar, o túmulo de Alaíde. Crescendo da "Marcha fúnebre". Trevas.)*

FIM DO TERCEIRO E ÚLTIMO ATO

Sobre o autor

Nelson Rodrigues nasceu em Recife, em 1912, e morreu no Rio de Janeiro, em 1980. Foi com a família para a então capital federal com sete anos de idade. Ainda adolescente começou a exercer o jornalismo, profissão de seu pai, vivendo em uma cidade que, metáfora do Brasil, crescia e se urbanizava rapidamente. O país deixava de ser predominantemente agrícola e se industrializava de modo vertiginoso em algumas regiões. Os padrões de comportamento mudavam numa velocidade até então desconhecida. O Brasil tornava-se o país do futebol, do jornalismo de massas e precisava de um novo teatro para espelhá-lo, para além da comédia de costumes, dos dramalhões e do alegre teatro musicado que herdara do século XIX.

De certo modo, à parte algumas iniciativas isoladas, foi Nelson Rodrigues quem deu início a esse novo teatro. A representação de *Vestido de noiva*, em 1943, numa montagem dirigida por Ziembinski, diretor polonês refugiado da Segunda Guerra Mundial no Brasil, é considerada o marco zero do nosso modernismo teatral.

Depois da estreia dessa peça, acompanhada pelo autor com apreensão até o final do primeiro ato, seguiram-se outras 16, em trinta anos de produção contínua, até a última, *A serpente*, de 1978. Não poucas vezes teve problemas com a censura, pois suas peças eram consideradas ousadas demais para a época, tanto pela abordagem de temas polêmicos como pelo uso de uma linguagem expressionista que exacerbava imagens e situações extremas.

Além do teatro, Nelson Rodrigues destacou-se no jornalismo como cronista e comentarista esportivo; e também como romancista, escrevendo, sob o pseudônimo de Suzana Flag ou com o próprio nome, obras tidas como sensacionalistas, sendo as mais importantes *Meu destino é pecar*, de 1944, e *Asfalto selvagem*, de 1959.

Conheça os títulos da
Coleção Clássicos para Todos

A abadia de Northanger – Jane Austen

A arte da guerra – Sun Tzu

A revolução dos bichos – George Orwell

Alexandre e César – Plutarco

Antologia poética – Fernando Pessoa

Apologia de Sócrates – Platão

Auto da Compadecida – Ariano Suassuna

Como manter a calma – Sêneca

Do contrato social – Jean-Jacques Rousseau

Dom Casmurro – Machado de Assis

Feliz Ano Novo – Rubem Fonseca

Frankenstein ou o Prometeu moderno – Mary Shelley

Hamlet – William Shakespeare

Manifesto do Partido Comunista – Karl Marx e Friedrich Engels

Memórias de um sargento de milícias – Manuel Antônio de Almeida

Notas do subsolo & O grande inquisidor – Fiódor Dostoiévski

O albatroz azul – João Ubaldo Ribeiro

O anticristo – Friedrich Nietzsche

O Bem-Amado – Dias Gomes

O livro de cinco anéis – Miyamoto Musashi

O pagador de promessas – Dias Gomes

O Pequeno Príncipe – Antoine de Saint-Exupéry

O príncipe – Nicolau Maquiavel

Poemas escolhidos – Ferreira Gullar

Rei Édipo & Antígona – Sófocles

Romeu e Julieta – William Shakespeare

Sonetos – Camões

Triste fim de Policarpo Quaresma – Lima Barreto

Um teto todo seu – Virginia Woolf

Vestido de noiva – Nelson Rodrigues

DIREÇÃO EDITORIAL
Daniele Cajueiro

EDITORA RESPONSÁVEL
Janaína Senna

PRODUÇÃO EDITORIAL
Adriana Torres
Júlia Ribeiro
Laiane Flores
Daniel Dargains
Roberta Carvalho

REVISÃO
Sabrina Primo
Thadeu Santos

CAPA
Sérgio Campante

DIAGRAMAÇÃO
Alfredo Rodrigues

Este livro foi impresso em 2022
para a Nova Fronteira.